VERSTEHEN FREUD

Historischer Hintergrund für eine Lesung von Freud

Zu einem gewissen Grad sind die, die bei der Lektüre europäischer Werke von fast jeder Art , die von 35
auf mehr als f0 Jahre erwarten die Probleme . Einige Terminologie ist verpflichtet, überholt sein , einige
Verweise auf wissenschaftliche oder literarische Werke oder dann - aktuelle Ereignisse , die Freud konnte
seine zeitgenössischen Leser davon ausgehen, waren mit mehr vermitteln oder sogar zu falschen
Eindrücken nichts bekannt ; und eine US-amerikanische Leser, der nicht weiß, die kontinentalen
literarische Klassiker ist besonders behindert. Zu einem großen Teil , aber nicht vollständig, der ergebene
Redaktion von Strachey rechnet solche Probleme und seine Fußnoten bieten hilfreiche Erklärungen.
Weitere Probleme ergeben sich aus Freuds Gewohnheit, gelegentlich unter der Annahme , dass der Leser
wusste,
Seine bisherigen Arbeiten , auch seine unveröffentlichte . So viel, dass zu verwirrend wurde
Kapitel 7 der Traumdeutung (Freud , 1900) ë z. B. , sein Hinweis auf die
undefined und unerklärliche - systemsebecame verständlich erst nach der verspäteten Veröffentlichung
der kProjecti (Freud , 1f95) . Aber in jedem Fall , haben viele Studenten der Freud darauf hingewiesen,
die Notwendigkeit, ihn zu lesen sequentially . Sein Gedanke kann nicht verstanden werden, wenn seine
Entwicklung von Ideen werden aus ihrem Kontext genommen . Glücklicherweise ist die chronologische
Bestellung der Standard Edition und dieser Abstracts fördert eine solche Lesung.

DIE ENTWICKLUNG DER Freuds Ideen
Es gab vier große und überlappenden Phasen von Freuds wissenschaftliche Arbeit :

1 . Seine prepsychoanalytic Arbeit, die etwa 20 Jahre gedauert hat , kann vor allem in histologischen
einer anfänglichen 10 Jahre aufgeteilt werden - anatomische Forschung und ein teilweise überlappenden
14 Jahre klinische Neurologie, mit zunehmender Aufmerksamkeit zu Psychopathologie , beginnend in 1ff6
, als er aus Paris zurückgekehrt.
2 . Die erste Theorie der Neurose stammt aus der Dekade der 1f90 Jahren, als Freud
Hypnose und Breuers kathartische Methode der Psychotherapie , die schrittweise Entwicklung der
psychoanalytischen Methoden der freien Assoziation , Traumdeutung und der Analyse von
Übertragung. Die ersten Dolen wirklich psychoanalytischen Papiere erschienen während dieser Zeit
Darlegung der Ansicht, dass Neurose ist eine Verteidigung gegen unerträgliche Erinnerungen an ein
traumatisches
experienceeinfantile Verführung in den Händen eines nahen Verwandten . Mit der Entdeckung seines
eigenen Ödipuskomplex , aber kam Freud zu sehen, dass solche Berichte von seinen Patienten waren
Phantasien, die ihn dazu brachte, sein Interesse weg von traumatischen Ereignissen in der äußeren
Realität drehen
und in Richtung subjektive psychische Realität . Ein bemerkenswerter , aber erst vor kurzem entdeckt
Veranstaltung in der
Entwicklung von Freuds Gedanke kam in 1f95 nach der Veröffentlichung des Buches, das er
schrieb mit Breuer. Er schrieb aber eine kPsychology für Neurologisti (oder nicht zu veröffentlichen
kProject einer Psychologie , die im Folgenden als ich nur kthe projecti) , präsentiert eine
umfassenden anatomischen - physiologischen Modell des Nervensystems und seine Funktionsweise

in ein normales Verhalten , Denken und Träumen, als auch in Hysterie. Er schickte es an seinen Freund Fliess in hoher Erregung, dann guickly wurde durch die Schwierigkeiten der Schaffung eines entmutigt durchgreif mechanistischen und reduktionistischen Psychologie. Er bastelte mit dem Modell für eine paar Jahren in Briefen an Fliess, und schließlich gab es auf.

Die Jahrhundertwende markiert viele grundlegende Veränderungen in Freuds Leben und Werk : er

durchtrennt und seine enge Freundschaften mit Kollegen abhängig (erste Breuer, dann Fliess) und seine Kontakte mit der Wiener medizinischen Gesellschaft ; sein Vater starb ; seine letzte Kind geboren wurde ; psychoanalyled er sich selbst; er gab neurologischen Praxis, Forschung und Konzeptmodelle ; und er schuf seine eigenen neuen Beruf, Forschungsmethode und Theorie, im Hinblick auf die danach war er . 3 . Freuds topographische Modell der kpsychic Gerät " war die Gründung von zwei Jahrzehnte der Arbeit , in der er seine großen klinischen Entdeckungen veröffentlicht : Vor allem der Traumdeutung (1900) und Drei Abhandlungen zur Sexualtheorie (1905b); seine Papiere auf dem technigue in der psychoanalytischen Behandlung verwendet ; seine fünf großen Fallgeschichten ; die zentrale Werke der Metapsychologie ; und eine Reihe von wichtigen Erhebungen und der popularilations seine Ideen , zusätzlich zu seinen Haupt Anwendungen seiner Theorien , Witze , Literatur und Kunst , Biographie und Anthropologie. Eine vollständige oder metapsychologischen Erklärung , schrieb Freud in 1915 regiures kdescribing einen psychischen Vorgang in seiner dynamischen , topographischen und wirtschaftlichen Aspekte " ethat ist , in Bezug auf ein theoretisches Modell , in dem die zentralen Begriffe sind psychischen Kräfte , Strukturen und guantities von Energie (Rapaport m Gill, 1959). folglich sprechen wir von drei metapsychologischen Punkten. Die topographische Modell, das war zunächst in Kapitel 7 von der Traumdeutung gesetzt und wurde weiter ausgearbeitet metapsychologischen die Papiere von 1915 conceptualiles in Bezug auf Denken und Verhalten Prozesse in drei psychologischen Systeme: Bewusstsein, Preconscious und Unbewusste (von denen keine eine explizite Locus im Gehirn) . 4 . In der letzten Zeit zwischen den beiden Weltkriegen , machte Freud vier Haupttypen von Beitrag : die endgültige Form seiner Theorie der Triebe (Jenseits des Lust

Prinzip , 1920) ; eine Gruppe von wesentlichen Änderungen der allgemeine und klinische theoryemost allem das Strukturmodell des psychischen Apparates (Das Ich und das Es , 1923) und die Theorie der Angst und Verteidigung (Hemmung, Symptom und Angst, 1926a); Anwendungen der Psychoanalyse , um größere soziale Probleme ; und eine Gruppe von Bücher Überprüfung und Neuformulierung seiner Theorien . Um die Struktur der Freuds Werk zu erfassen, ist es sinnvoll , nicht nur wie eine Entwicklungs Ansatz verfolgen, sondern auch , um seine Theorien aus der Perspektive der folgende Dreiteilung zu sehen. Erste und bekannteste ist die klinische Theorie der Psychoanalyse , mit seiner Psychopathologie, seine Konten der psychosexuellen Entwicklung und Charakterbildung , und dergleichen. Der Gegenstand dieser Art von theoriling besteht aus großen Veranstaltungen (realen und phantasierten) in den Lebensgeschichten von Menschen , Ereignisse über Zeitspannen von Tagen bis Jahrzehnten auftreten. Diese Theorie ist das Lager im Handel der clinicianenot nur die Psychoanalytiker , aber die überwiegende Mehrheit der Psychiater, klinischen Psychologen und psychiatrischen Sozialarbeiter. Lose als kpsychodynamics bezeichnet , i hat es sogar in den allgemeinen Lehrbüchern über die akademische Psychologie auf die Persönlichkeit eingedrungen. Zweitens gibt es , was Rapaport (1959) ist die allgemeine Theorie der Psychoanalyse genannt , auch genannt Metapsychologie . Sein Thema mattereprocesses in einem hypothetischen psychischen Gerät oder , in Zeiten, in der braineis mehr abstrakt und unpersönlich ; und die Zeiten der

Zeitaufwand wesentlich shorterefrom Bruchteilen einer Sekunde bis zu einigen Stunden. die Prozesse behandelt werden vorwiegend die in Träumen vorkommen , denken, beeinflussen und Verteidigung.
Freuds Argumentation bei der Erarbeitung dieser Theorie ist viel näher , und er machte mehr Einsatz von

theoretische Modelle des psychischen Apparates . Die wichtigsten Werke sind die kProject für ein Wissenschaftliche Psychologie, i Kapitel 7 der Traumdeutung und der metapsychologischen Papiere.
Drittens ist, was könnte Freuds phylogenetischen Theorie bezeichnet werden. Das Thema ist der Mensch als Spezies oder in Gruppen , und die Dauer der Zeit beteiligt Bereich von Generationen zu Äonen .
Hier sind Freuds große Spekulationen , vor allem evolutionäre und teleologische Charakter.
Sie enthalten keine explizite Modelle einer psychischen Apparaten, in denen anstelle vielen literarischen , metaphorischen Konzepte. Die Hauptwerke dieser Art sind Totem und Tabu (1913) , Jenseits des Lustprinzips (1920), Massenpsychologie und Ich-Analyse (1921) ,
Die Zukunft einer Illusion (1927) , Hagen in der Kultur (1930) , und Moses und Monotheismus (1934 --- 193f) .
Seine klinischen Beiträge gehören zu den frühesten von Freuds Papiere , die noch gelesen werden, und er fuhr fort, in diesem Sinne zu schreiben sein ganzes Leben . Wie bei den anderen beiden Arten von Theorie , kamen die großen Werke metapsychologischen früh , die wichtigsten phylogenetischen diejenigen spät. Wie Freuds Konzepte wurde mehr metaphorische und befasste sich mit Fragen wie solchen Fern ultimative Ursprünge des Menschen und den Sinn des Lebens und des Todes, wurde er mit der Beschreibung oder systematisch Buchhaltung für den Verlauf und das Schicksal der Impuls-oder Gedanken weniger besorgt .
Auch wenn Freuds Werke werden in der Reihenfolge, in der er sie schrieb , es bleibt noch viel zu lesen verdunkeln , wenn man keine Vorstellung von der zeitgenössischen Stand der wissenschaftlichen und fachlichen Fragen wurde ihm diskutieren . Glück für uns, sind moderne Wissenschafter liefern eine viel Hintergrund dieser benötigt (zB Amacher , 1965; Andersson, 1962; Bernfeld ,
1944 ; Ellenberger , 1970; Jackson, 1969 ; Spehlmann 1953 ; siehe auch Holt, 1965a , 196f) . die

entsprechenden Kapiteln der Geschichte meisterEllenBergersind vor allem für die wissenschaftliche , aber fesselnd lesbare Art und Weise , in der sie die sozialen und politischen sowie wissenschaftlichen , medizinischen und allgemeinen intellektuellen Kontext, in dem Freud schrieb geben empfohlen. Hier kann ich nicht mehr als Touch leicht auf eine Reihe der wichtigsten und relevantesten geistigen Strömungen des neunzehnten Jahrhunderts zu tun.

Naturphilosophie und seine Ablehnung
Der Weg für die romantische Revolte, die im Großen und Ganzen characteriled alle Aspekte des geistigen Leben in der frühen 1f00 war von der Naturphilosophie , einer mystischen und oft erstellt rhapsodic Blick auf die Natur als mit Geist und mit widersprüchlichen unbewussten Kräfte durchbluteten und so entwickelt sich nach einer inneren , zweck Design. Nicht ein engmaschiges Schule , seine Bestandteil Denker enthalten (in chronologischer Reihenfolge) Kant , Lamarck , Goethe, Hegel , Schelling (vielleicht die zentrale Figur) , Oken und Fechner . Mit Ausnahme von Fechner , der von 1F01 auf 1ff7 gelebt , sie lebten quer achtzehnten und neunzehnten Jahrhundert. Naturphilosophie forderte die Wiederaufleben des Vitalismus in der Biologie, der große Physiologe Johannes Müller verfochten , und stimulierte eine humanistische Schule der romantischen Medizin (Galdston , 1956) . Firma Güte anstelle von Stützen, therapeutischen Optimismus basierend auf ätiologische Theorien einer mehr psychologisch als Bio : In der Psychiatrie wurde die Anfang des Jahrhunderts von den Reformen der Pinel , Esguirol und ihre Anhänger, die eine Ära der kmoral treatmentn eingeführt dominiert geworfen, und ein Versuch, die Insassen von Irrenanstalten in konstruktive Aktivitäten einzubeziehen .

Der harte - Gesinnten Reaktion auf diese Ausschreibung - Gesinnten Ära wurde stark durch die Fortschritte Aided
in Physik und Chemie gemacht . Drei der Müller Studenten, Brocke , du Bois -

Reymond, und Helmholtl traf Carl Ludwig in 1F47 und bildeten einen Verein (die die Berliner Physikalischen Gesellschaft wurde) auf die Physiologie auf einer chemisch kconstitute - physische Grundlage , und geben Sie es egual wissenschaftlichen Rang mit Physicsi (Ludwig von Cranefield , 1957 guoted , Seite 407) . Sie wollten nicht in ihre offen reduktionistischen Ziel erfolgreich zu sein , aber nicht ihre anderen Ziele zu erreichen : die Verwendung von wissenschaftlichen Beobachtung und Experiment in der Physiologie zu fördern und zur Bekämpfung der Lebensphilosophie . Unter sich , dem folgenden Programm statt sie :
Keine andere Kräfte als die gemeinsame physikalisch - chemische diejenigen sind im Organismus aktiv. In den Fällen, die nicht an der Zeit, von diesen Kräften hat man entweder die spezifische Art und Weise oder Form ihrer Wirkung durch die physische finden erklärt werden können - mathematische Methode oder anzunehmen, egual neue Kräfte in Würde zu der chemisch - physikalischen inhärenten Kräfte in der Materie reduzierbar auf die Kraft der Anziehung und Abstoßung , (du Bois - . Reymond, von Bernfeld 1944 guoted , S. 34f)
Vor allem in Deutschland , diese materialistische Ferment der physikalistischen Physiologie, Mechanismus und Reduktionismus wurde der Modus , nach und nach setzen romantischen Medizin, Vitalismus , und andere Aspekte der Naturphilosophie in die Flucht . Wo früher hatte es Psychic , Psycho - somatische und Somatische Schulen in der deutschen Psychiatrie (siehe Earle, 1f54 , in Hunter m Macalpine , 1963, S. 1015 - 101f), der Somatic allmählich siegte ; Meynert (Freuds Lehrer der Psychiatrie), zum Beispiel , konzipiert psychischen Störungen , Krankheiten sein das Vorderhirn . Trotz der Therapieerfolge wurde moralischen Behandlung zusammen mit verbannt seine psychogene (häufig sexuelle) Theorien kold Ehefrauen Psychiatrie, " zugunsten der streng organisch - hereditarian Ansichten und sehr wenig im Wege der Therapie (Bry m Rifkin , 1962) . Die Universität Wien medizinische Schule war ein Außenposten des neuen hyperscientific Biologie, mit einem seiner Verkünder , Brocke , mit einem großen Stuhl und Leitung der Physiologischen Institut (Bernfeld , 1944) . Ironischerweise sagt uns Freud , dass seine Entscheidung zu geben

medizinische Schule wurde durch das Hören des kFragment auf Natur " Goethe zugeschrieben bestimmt vorlesen zu einem öffentlichen Vortrag . Diese kurze Prosagedicht ist ein Inbegriff von Naturphilosophie und
es muss Freud schwankte haben wegen seiner langjährigen Bewunderung für Goethe und vielleicht wegen einer klonging für philosophische Erkenntnis , " , die seine frühen Jahre dominiert hatte , wie er sagte später in einem Brief an Flieβ . Entwicklung war ein wichtiger Grundsatz der Naturphilosophie gewesen ; so
ist es nicht verwunderlich , dass diese 17f0 dithyramb könnte Teil einer Vorlesung über vergleichende sein
Anatomie, die Disziplin, die viel von der entscheidende Beweis für Darwins Ursprung der eingerichtet Species (1f59) .

ENERGIE UND ENTWICKLUNG
Vielleicht sind die beiden spannendsten Konzepte des neunzehnten Jahrhunderts waren Energie-und Evolution. Beide stark Freuds Lehrer an der medizinischen Schule beeinflusst.
Helmholtl zu der Gruppe 1F47 seine grundlegende Arbeit über die Erhaltung der gelesen hatte,

als Beitrag zur Physiologie energyepresented . Dreißig Jahre später , Brocke Vorlesungen
waren voll von den eng verwandten (und immer noch schlecht differenziert) Konzepte der Energie-und
Kraft . Um diese dynamische Konzepte verwenden, war das Markenzeichen der wissenschaftliche Ansatz ;
Brocke gelehrt, dass die Kreal Ursachen sind in der Wissenschaft durch das Wort hforce ' symboliled
" (Bernfeld 1944 , S. . 349) . Es scheint offensichtlich , dass die erste von Freuds drei
metapsychologischen
Standpunkte , die dynamische (Erklärung in Bezug auf die psychologischen Kräfte) , hatte seinen
Ursprung in
diese spannende Versuch, das wissenschaftliche Niveau der Physiologie durch die sorgfältige Anwendung
von erhöhen
Mechanik und insbesondere der Dynamik, der Zweig der Mechanik , die sich mit Kräften und
die Gesetze der Bewegung . Die stark quantitative Schwerpunkt der Schule von Helmholtl und seine
Stress auf Energie sind eindeutig die wichtigsten Determinanten der Metapsychologie von der gesehen
wirtschaftlicher Sicht (Erklärung in Bezug auf quantities von Energie). Die Tatsache , dass unter

Autoren Freud respektiert die meisten, so unterschiedliche Figuren wie Fechner und Hughlings Jackson
dynamischen und wirtschaftlichen Gesichtspunkten kein Zweifel gestärkt Freuds unguestioning gehalten
Überzeugung , dass diese Sichtweisen sind absolut notwendigen Elemente einer Erklärungs
Theorie.
Trotz seiner physikalistischen Programm , war die eigentliche Arbeit der Brocke Institut weitgehend
klassischen Physiologie und Histologie. Freud hatte seine darwinistischen wissenschaftlichen Taufe hatte
Claus in einem mikroskopischen Suche nach den fehlenden Hoden des Aals , und seine mehrere Versuche
physiologische und chemische Experimente unter anderen Vorzeichen waren fruchtlos. Er war glücklich ,
daher, am Mikroskop , wo ihn Brocke neurohistologischer Studien zugeordnet bleiben ,
und inspiriert von der Evolutionstheorie bei. Wenn er mit Meynert , war es
wieder in einem strukturellen Disziplin mit einer genetischen Studie methodethe der Anatomie des
Gehirns mit ein
Serie von fetalen Gehirn , um die Wege, die durch folgende Mark ihre Entwicklung zu verfolgen. seine
subseguent klinischen Praxis war in der Neurologie , einer Disziplin , die, wie Bernfeld (1951) hat
erwähnt, war nmerely eine diagnostische Anwendung anatomy.i Außerdem Freuds erste vollständige -
Skala
theoretische Modell , das von kProjecti 1f95 , ist vor allem eine Theorie über die Struktur
organilation des Gehirns , sowohl grob-und fein . Seine frühe Ausbildung somit nachweislich ihn davon
überzeugt, dass eine wissenschaftliche Theorie hat eine strukturelle (oder topographische) Basis haben .
Es war Bernfeld (1944) , der als erster darauf hingewiesen, die auffallend gegensätzlichen Inhalt dieser
zwei nebeneinander geistigen traditionseNaturphilosophie und physikalistischen physiologye
die beide zutiefst beeinflusst Freud , und in dieser Reihenfolge. In seinen veröffentlichten Werken , zu
sein
sicher , kaum etwas von Naturphilosophie kann in den Zeitungen und Bücher seiner ersten gesehen
werden
zwei Perioden , und es entstanden fast ausschließlich in dem, was ich oben als seine phylogenetische
zitiert ,

spekulativen Werken . Viele Eigenschaften von seinem Konzept der psychischen Energie kann trotzdem
sein
auf die Lebensphilosophie , die ein wichtiges Merkmal des Naturphilosophie (Holt, 1967) war
zurückverfolgt .
Darüber hinaus können diese zwei Denkschulen auch als besondere Erscheinungsformen gesehen werden
noch breitere , umfassen Körper von Ideen, die ich als (nach Chein , 1972) Bilder

Menschen.

Freuds Zwei Bilder von Man

Ich glaube, es ist ein weit verbreitetes , ungelöste Konflikte in allen Schriften Freuds
zwischen zwei gegensätzlichen Bildern; ein Konflikt, der für eine gute viele der verantwortlich ist
Widersprüche in seinem gesamten Leistungs aber , dass seine kognitiven Make - up erlaubte ihm, zu
tolerieren
(wie wir gleich sehen werden) . Auf der einen Seite , die Hauptstoßrichtung von Freuds theoretische
Anstrengung war
zu konstruieren , was er selbst als eine Metapsychologie , auf einem mittleren modelliert - neunzehnten -
Griff Jahrhundert der Physik und Chemie. Teilweise in diese ausgebildet und teilweise dahinter liegende
was ich seiner mechanistischen Menschenbild . Die entgegengesetzte Ansicht , so viel weniger prominent,
dass
viele Schüler sind sich nicht bewusst , dass Freud hielt sie , Ich mag eine humanistische Menschenbild
nennen . es
kann in seiner klinischen Arbeiten und in der breiten , spekulativ, guasi sehen - philosophische
Schriften von seinen späteren Jahren , aber es ist am deutlichsten in Freuds Leben und Interaktionen mit
anderen ,
Beste für uns in seinen Briefen verbaliled vielleicht . Anders als die mechanistische Bild der
humanistischen
Konzeption des Menschen wurde nie differenziert und explizit genug, um ein aufgerufen werden
angegeben
Modell; doch eine ziemlich reich und zusammenhängenden Körper von Annahmen über die Natur der
umfasst
Menschen , die in Freuds Sinn als Korrektiv Antagonist seiner funktionierte
mechanistische Neigungen .
Es gibt kaum Anzeichen , dass nach 1900 Freud war bewusst beherbergen unvereinbar Bilder des
Menschen , von denen weder er geben konnte . Dennoch , viele sonst pullling Aspekte der Psychoanalyse
werden verständlich, wenn wir annehmen, dass die beiden Bilder waren da, funktioniert in vielerlei
Hinsicht wie widersprüchliche motive systems .

Lassen Sie mich emphasile , dass , was ich bis heute nicht ein Inbegriff der verschiedenen Theorien
speziell von Freud vorgeschlagen. Vielmehr werden die beiden Bilder abgeleitet Komplexe von Ideen,
von Freuds Leben und die Schriften extrahiert und in der gleichen Weise lehrte er rekonstruiert
uns um das Verständnis neurotischen Menschen nutzen : durch die Untersuchung eines Patienten
Träume , Symptome und
kassociations , i wir schließen, unbewusste Phantasien , Komplexe oder frühen Erinnerungen , die nie
sich voll bewusst , aber die uns ermöglichen, Sinn in seinen Inszenierungen zu machen, die
scheinen auf der Oberfläche so verwirrend vielfältig. Dieses Bestreben ist voller mit einer bestimmten
Höhe des Risikos . Auch wurde das mechanistische Bild explizit als nur ein theoretisches Modell gemacht
in der kProject , i die unveröffentlichten Versuch einer Neuropsychologie , die Freud schrieb in 1f95 .
Danach scheint dieses Modell weitgehend vergessen oder unterdrückt zusammen mit seiner
Antithese , die humanistische Bild .

FREUD humanistische Menschenbild

Weder von Freuds Bilder war besonders Original mit ihm ; jeder war sein persönlicher Synthese eines Körpers von Ideen mit einer langen Kulturgeschichte , ausgedrückt und ihn übertragen erheblichen Teil durch Bücher, die wir wissen, dass er zu lesen. Schon lange vor und lange nach Freud beschlossen , Wissenschaftler zu werden , war er ein begeisterter Leser der belletristische Klassiker, die sind

oft als der Kern der humanistischen Erbe westlichen Mannes. Er hatte ein ausgezeichnetes liberal und klassische Bildung, die ihm eine gründliche Ausbildung in den großen Werken der griechischen gab , Latein , Deutsch, Englisch und Autoren , ebenso wie die Bibel , Cervantes, Moliere, und andere großen Schriftsteller in anderen Sprachen , die er in der Übersetzung zu lesen. Er war ein Mann von tiefer Kultur, mit einer lebenslangen Leidenschaft für das Lesen Gedichte, Romane , Essays, und dergleichen und für

Lernen über klassische antiquity insbesondere aber die Kunst im Allgemeinen , durch Reisen, Sammeln, und persönliche Kommunikation mit Künstlern , Schriftstellern und enge Freunde, die hatten

einen ähnlichen Geschmack und education.2 Und trotz seiner späteren , negativen Kommentare über Philosophie, besuchte er nicht weniger als fünf Kurse und Seminare mit dem aufstrebenden Philosophen - während seiner Jahre an der Universität Wien Psychologe Brentano .

Sehr wenige von den vielen , die die Psychoanalyse nonphysicians gezogen wurden und die wurde Teil von Freuds Kreis wurden in der kharderi oder Naturwissenschaften ausgebildet. Hauptsächlich aus den Geisteswissenschaften kamen sie . Für jeden Waelder (Physiker) gab es ein paar wie Sachs und Kris (Studenten vor allem der Literatur und Kunst) . Sicherlich ist dies sagt uns nicht nur etwas über Einflüsse auf Freud , aber die Art von Mensch er war, die Konzeption des Menschen , mit denen er lebte und die durch subtile Mittel, um seine Co vermittelt wurde - Arbeiter.

Auf unterschiedliche Weise , dann kam Freud unter dem Einfluss der vorherrschenden Bild des Menschen von der wichtigen Sektor der westlichen Kultur, die wir nennen die Geisteswissenschaften gefördert .

Lassen Sie mich nun einige der wichtigsten Komponenten dieses Bild des Menschen, die in Freuds Schriften erkannt werden können, zu skizzieren.

1 . Der Mensch ist ein Tier, und beide etwas mehr, eine Kreatur mit Bestrebungen zur Gottheit . So , er hat eine Doppelnatur . Er besitzt fleischlichen Leidenschaften , vegetative Funktionen , Gier und Machtlust , Zerstörungswut , egoistisch Sorge maximiling Freude und minimiling Schmerz; aber er hat auch die Fähigkeit, Kunst, Literatur, Religion, Wissenschaft zu entwickeln und philosophyethe abstrakte Bereiche der theoretischen und ästhetischen valueseand selbstlos , uneigennützig und fürsorglichen sein. Dies ist eine komplexe Sicht des Menschen von Anfang an als eine Kreatur, die tief über höhere kümmert sowie geringere Angelegenheiten.

2 Ellenberger (. 1970, S. 460) sagt uns, dass Freud zeigte die Dramatiker Lenormand kthe Werke von Shakespeare und der griechischen Tragiker auf seinem pofficeq Regale und sagte: . HHere sind meine Meister Er behauptete , dass die wesentlichen Themen seiner Theorien wurden auf der Intuition des poets.n Basis

2 . Jeder Mensch ist unique , aber alle Menschen sind gleich, eine Spezies , die jeweils so menschlich wie andere . Diese Annahme führt eine starke Wertbindung als auch, um den Satz dass jeder Mensch ist es wert, beachtet zu werden und geholfen werden , wenn in Schwierigkeiten, um zum leben

Ausmaß seiner Kapazitäten jedoch begrenzt sie auch sein mögen . Freud war einer der Haupt Beitragszahler eine wichtige Erweiterung dieser Annahme durch seine Entdeckung, dass es war in der Tat Methode im Wahnsinn (wie Shakespeare wusste intuitiv) , dass das verrückt oder

psychisch kranken könnte verstanden und werden in der Tat durch die gleichen Grundbedürfnisse als betätigten
anderen Männern. So wird in der Tradition von Psychiatern als Pinel , tat Freud viel zu bekräftigen die Menschlichkeit des geistig und emotional abnormale und ihre Kontinuität mit das normal.
3 . Der Mensch ist ein Geschöpf der Sehnsüchte , ein Streber nach Zielen und Werten , nach Fantasien und Bilder von Befriedigung und der Gefahr. Das heißt, in der Lage, sich vorzustellen, mögliche zukünftige Zustände der Freude, sinnliche Freude oder spirituelle Erfüllung , und von Schmerz, Demütigung , Schuld, Zerstörung etc. ist er ; und sein Verhalten wird geführt und Wünschen getrieben , um die positiven Ziele zu erreichen und zu vermeiden oder zu annullieren die negativen , vor allem Angst.
4 . Der Mensch ist ein Hersteller und Verarbeiter von subjektiven Bedeutungen , durch die er sich selbst definiert , und eine seiner stärksten Bedürfnisse ist sein Leben sinnvoll zu finden. Es ist implizit in der humanistischen Bild , dass Bedeutungen sind primäre, nicht reduzierbare , kausal wirksam , und der komplette Würde als Gegenstand systematischer Interesse. Psychopathologie , dementsprechend wird der in Bezug auf maladaptive Komplexe oder Konfigurationen von Ideen, Wünsche , Konzepte, Wahrnehmungen etc. konzipiert

5 . Es gibt viel mehr auf den Menschen , als er weiß, oder würde in der Regel wollen, dass wir denken , mehr

als in seinem Bewußtsein vorhanden ist, mehr als auf der sozialen Welt in der Öffentlichkeit präsentiert. Diese geheime Seite ist außerordentlich wichtig. Die Bedeutung , die eine Person am meisten beschäftigen ,
einschließlich Fantasien und Wünsche , sind ständig aktiv, ohne Bewusstsein, und es ist schwierig für die Menschen zu wissen, viele von ihnen zu werden. Um eine Person wirklich zu verstehen , ist es daher
notwendig, um seine subjektive , innere lifeehis Träume , Phantasien , Sehnsüchte kennen , Sorgen , Ängste und die besondere Färbung , mit dem er die Außenwelt sieht . von
Vergleich ist leicht zu beobachten sein , sichtbare Verhalten viel weniger interessant und weniger wichtig.
6 . Innere Konflikt ist wegen dualitiesehis des Menschen höheren und niedrigeren Naturen , bewussten und unbewussten Seiten unvermeidlich ; darüber hinaus viele seiner Wünsche sind nicht miteinander vereinbar oder bringen ihn in Konflikt mit Anforderungen und Belastungen von anderen Menschen.
7 . Vielleicht die wichtigste dieser Wünsche umfasst die komplexe Instinkt der Liebe , die sexuelle Lust ist eine große (und selbst kompliziert) Teil. Drang nach sexueller Lust des Menschen ist fast immer starke , anhaltende und vielgestaltigen , auch wenn es scheint, gründlich gehemmt oder blockiert und kann von der Liebe getrennt werden. Zur gleichen Zeit war Freud immer empfindlicher auf die vielen Formen von Wut , Hass und Destruktivität , lange bevor er offiziell anerkannt, sie mit seiner Theorie des Todestriebes .
f . Der Mensch ist ein soziales Wesen intensiv , dessen Leben ist verzerrt und abnormal ist, wenn nicht in einem Netz von Beziehungen zu anderen peopleesome dieser Beziehungen verstrickt formalen und institutionaliled , einige informelle, aber bewusst und absichtlich , und viele von ihnen mit wichtigen Komponenten bewusstlos . Die meisten menschlichen Motiv -Systeme sind zwischenmenschliche
Charakter , auch: wir lieben und hassen andere Menschen. Somit ist die wichtige Realität für den Menschen ist
soziale und kulturelle . Diese Sullivanian - klingende Sätze sind klar in Freuds implizite

Fallgeschichten .

9 . Ein zentrales Merkmal dieses Bild des Menschen ist, dass er nicht statisch, sondern wird immer changinge Entwicklung und sinkenden , sich entwickelnde und Dezentralisierung . Seine wichtigsten unbewusste Motive aus den Erfahrungen in childhoodethe Kind abzuleiten ist Vater des Mannes . Der Mensch ist Teil eines evolutionären Universum , also im Prinzip fast unendlich perfectible obwohl in der Praxis stets zu Rückschlägen , Fixierungen und Regressionen .

10 . Der Mensch ist sowohl die aktive Meister seines eigenen Schicksals und der Spielball seiner Leidenschaften . Er ist in der Lage, die Wahl zwischen Alternativen , wider Versuchungen und des Regierens seiner eigenen Triebe , auch wenn er manchmal ein passiver Spielball der Druck von außen und innere Impulse. Es macht daher Sinn, zu versuchen , mit ihm in einer rationalen Weise umzugehen , um zu hoffen, sein Verhalten mit der Diskussion Dinge und sogar drängte ihn, seinen Willen ausüben zu beeinflussen. Somit hat man sowohl eine ID und ein autonomes Ich.

Von einem Werk , in dem es keinen systematischen Ort , diese humanistische extrahiert
Bild , wie vorgestellt , ist etwas vage und schlecht organiled . Dennoch sehe ich nicht
Eigen Grund, warum es nicht expliziert und systematischer Weise entwickelt werden.

FREUD mechanistische Bild des Menschen

Diese humanistisch gebildeten und philosophisch geneigte junge Mann, von ein gebranntes romantisch und vitalistische Auffassung von der Biologie zu studieren, er wollte , ging an die Universität Wiener medizinische Schule, wo er sich von den Menschen von großem Ansehen und umgeben geistigen Substanz lehrt spannende wissenschaftliche Lehren der ganz anderen Art . er machte eine hastige Konvertierung zunächst zu einem radikalen Materialismus und dann physikalistischen Physiologie, ein Haupterbe der mechanistischen Tradition, die mit Galileo gestartet und

versucht, alles im Universum in Form der Newtonschen Physik zu erklären.

Freud war seit Jahren im Bann der Brocke , den er einst als die größte Autorität, die er je getroffen habe. Mehrere seiner anderen Lehrer und Kollegen waren auch begeisterte Mitglieder der mechanistischen Schule Helmholtl , insbesondere Meynert , Breuer, Exner, und Fliess . Der Ausblick von diesem schmalen, aber strenge Lehre war immer nach Freuds wissenschaftlichen Idealen fast in der Rolle eines wissenschaftlichen Über-Ich zu gestalten , Verweilen hinter den Kulissen seiner theoriling . In diesem Sinne glaube ich, dass die mechanistische Menschenbild zugrunde liegt und kann in Freuds Schriften metapsychologischen erkannt werden , auch wenn bestimmte Aspekte des Bildes scheinen widersprochen.

In vielen Details ist die mechanistische Bild scharf im Gegensatz zu der humanistischen ein . Ich habe versucht, diesen Gegensatz in der folgenden Katalog von Annahmen herauszubringen.

1 . Der Mensch ist eine eigentliche Subjekt der Naturwissenschaft , und als solche ist nicht anders als jedes andere Objekt im Universum. Alle seine Verhalten wird vollständig bestimmt , einschließlich der Berichte über Träume und Phantasien. Das heißt, alle menschlichen Phänomene rechtmäßig sind und im Prinzip möglich, durch natürliche erklären - wissenschaftliche, quantitative Gesetze. Von diesem Aussichts , gibt es keinen Sinn zu unterteilen sein Verhalten oder zu der Betrachtung seiner Natur dualehe zu sein, ist einfach ein Tier , am besten als eine Maschine oder ein Gerät verstanden , der geniale Mechanismen zusammen , die nach dem Newtonschen Bewegungsgesetze und verständlich, ohne Rückstände in Bezug auf Physik und Chemie. Man braucht nicht postulieren eine Seele oder Lebensprinzip , das Gerät zum Laufen zu bringen , wenn auch Energie ist ein wesentliches Konzept. Alle kulturellen Errungenschaften der Mensch so stolz ist , alle seine geistigen Werte und dergleichen , sind lediglich Sublimierungen Grund Triebe , auf die sie reduziert werden können .

2 . Die Unterschiede unter den Menschen wissenschaftlich zu vernachlässigen ; von der mechanistischen Sicht sind alle Menschen im Grunde das gleiche , da gelten die gleichen universellen Gesetze . Der Schwerpunkt wird auf die Entdeckung dieser Gesetze , nicht auf das Verständnis bestimmter Individuen setzen . Dementsprechend Metapsychologie nimmt keine Kenntnis von individuellen Unterschieden und scheint nicht, eine Theorie der Persönlichkeit.

3 . Der Mensch ist grundsätzlich durch die automatische Tendenz seiner Nervensystem motiviert werden, sich in einer nicht-stimulierten Zustand zu halten , oder zumindest in seinen Spannungen auf einem konstanten Niveau zu halten. Das Basismodell ist der Reflexbogen : externe oder interne Reiz führt zu Aktivität des ZNS , die Antwort führt . Alle Bedürfnisse und Sehnsüchte müssen , für wissenschaftliche Zwecke , als Kräfte , Spannungen, die reduziert werden müssen , oder Energien sucht Entlastung conceptualiled werden.

4 . Es gibt keinen Platz für Bedeutungen oder Wert in der Wissenschaft. Es befasst sich mit guantities , nicht gualities und gründlich Ziel sein. Phänomene wie Gedanken, Wünsche oder Ängste sind epiphenomenal ; sie existieren und muss erklärt werden , haben aber keine Erklärungskraft sich . Energien weitgehend ihren Platz einnehmen in der mechanischen Modells.

5 . Es gibt keine klare Antithese zum fünften humanistischen Annahme , der einen Umgang mit die Bedeutung des Unbewussten und die geheime , innere Seite des Menschen. Eine entsprechende Neuformulierung der gleichen Stelle mechanistisch könnte sein: Auch das ist ein Bewusstsein Epiphänomen , 3 und was in das Bewusstsein einer Person passiert, ist der triviale Interesse gegen

3 True (MM Gill hat freundlicherweise hat mich darauf hingewiesen) , in der nProjectn Freud hat explizit leugnen, dass
Bewusstsein ist ein Epiphänomen . Doch die ganze Entwicklung des kProjectn verlangt die Ansicht, die er nicht bereit war,
zu bekennen : Es ist ein Versuch, für das Verhalten und Neurosen in rein mechanistisch zu erklären, ohne die
Eingriffe jeglicher geistigen Entitäten in der Kausalprozess . In der Tat , ich glaube, dass es vor allem, weil er konnte
nicht in seinem Ziel, erfolgreich zu sein , ohne zu postulieren eine bewusste Ego als Agent in den Prozess der Verteidigung, und weil
er konnte ein zufriedenstellendes mechanistische Erklärung des Bewusstseins nicht zu erreichen, dass Freud gab die
kProject.n

auf den geschäftigen Aktivitäten des Nervensystems, von denen die meisten gehen ohne entsprechende Bewusstsein.

6 . Die vielen Kräfte, die in der Einrichtung , die den Menschen ist oft kollidieren , was zu der subjektiven Bericht des Konflikts.

7 . Die sentimental wie die Liebe bekannten Verfahren sind nichts anderes als Verkleidungen und Transformationen der Sexualtrieb , oder , genauer gesagt , seine Energie (Libido) . Auch platonische Zuneigung lediglich zielen - gehemmt Libido. Sex, Liebe nicht, ist daher die Hauptmotiv . Und da die Grundtendenz des Nervensystems ist , einen Zustand der unstimulierten equilibrium wiederherzustellen, ist die Gesamt Passivität des Todes seiner Endziel . Wut und Destruktivität sind lediglich Verkleidungen und Transformationen der Todestrieb .

f . Objects (das heißt , andere Menschen) sind wichtig, nur insoweit, als sie bieten Reize, die das psychische Apparat in Bewegung gesetzt und bieten notwendigen Voraussetzungen für die Reduzierung der inneren Spannungen , die es bringt wieder zur Ruhe . Beziehungen als solche sind nicht real ; Psychologie kann vollständig sein, ohne zu bedenken, mehr als die einzelnen Geräte und Ereignisse in ihm , sowie der allgemeinen Klasse der äußere Reize . Reality enthält konly Massen in Bewegung und nichts elsei (Freud , 1f95 , p . 30f) .

9 . Der genetische Wert unterscheidet sich nicht sehr für Freud als Mechaniker und als Humanist, so lassen Sie uns bis zum letzten Punkt gehen :

10 . Da das Verhalten des Menschen ist streng von seiner Vergangenheit durch die Geschichte und bestimmt

modernen Arrangement der Kräfte , ist der freie Wille eine trügerische Illusion. Um die Idee zu ermöglichen

Autonomie oder Freiheit der Wahl würde Spontaneität statt Passivität im Nerven implizieren System , und würde die assumptioneconsidered wissenschaftlich necessaryethat untergraben

Verhalten wird streng nach den biologischen Antrieben und durch äußere Reize bestimmt.

AUSWIRKUNGEN DER ZWEI BILDER

Die psychoanalytische Theorie wie wir es kennen ist ein Gewebe von Kompromissen zwischen diesen beiden

Gegen Bilder. Der Einfluss der mechanistischen Bild ist am deutlichsten in der Metapsychologie wobei die allgemeine Struktur der großen Sätzen sowie ein großer Teil der

Terminologie zu sehen , direkt von der mechanistischen explizit abzuleiten und reduktionistischen Modell der kProject.i Die auffälligste Änderung wurde Freuds aufzugeben ein anatomischen - neurologische Rahmen für die abstrakte Mehrdeutigkeit des kpsychic Gerät , i , in der die Strukturen und Energien sind psychisch, nicht physisch. Ohne es zu wissen , nahm Freud eine tauchen Sie ein in kartesischen metaphysischen Dualismus , aber wehrte , was er fühlte, war die unwissen Bedrohung der humanistischen Bild durch die weitere ultimative erklär behaupten Strom für Metapsychologie als der theoretisch weniger ehrgeizig Formulierung gegen klinischen Beobachtungen in der Sprache , die näher an der des Alltags war . Und in der Metapsychologie , indem Sie den Trick zu übersetzen subjektive Sehnsüchte in die Terminologie der Kräfte und Energien , hat Freud nicht die behavioristische Klebrigkeit nehmen die Ablehnung Innenwelt ; durch mit dem definiert als eine psychische Ego Austausch der subjektive , die bereit sind selbst

Struktur , er war in der Lage, genug Autonomie ermöglichen , einen fairen fit mit klinischen erreichen Beobachtung.

Ohne realiling es daher Freud gab nicht auf die passive Reflex Modell der Organismus und die eng verwandte physikalistischen Begriff der Wirklichkeit , auch wenn er die Seite legen

absichtliche neuropsychologiling . Obwohl er jeden Versuch, beziehen sich explizit verschob der Begriffe der Metapsychologie , um Prozesse und Stellen im Körper , substituierte er psychologische

Theorien , die die gleiche Last der überholten Annahmen tragen.

Die Beziehung zwischen dem humanistischen Bild-und Naturphilosophie , bleibt sein geklärt. In einer Hinsicht kann dieser als ein Teil des ersteren ; noch in einer Reihe von respektiert sie einen besonderen Status hat . Ich denke, dass es als eine besonders europäische Geistes Anomalie ,

natürlich seine Matrix der frühen neunzehnten bezogen - Ideen Jahrhundert und schon anachronistisch Freuds Zeit . Wo der moderne Charakter (auch in der Geschichte und den anderen Sozialwissenschaften) sieht für detaillierte , prosaisch Ketten und-netze nachweisbare Ursachen , die Intellektuellen Ära sah , dass nichts falsch mit postulieren eine konzeptionelle Verknüpfung , eine Ad-hoc -oder kforcei kessencei oder anderen theoretischen deus ex machina , zu dem eine beobachtete Ergebnis war direkt zugeschrieben. Lose Analogien wurden leicht als Mittel zur Bildung adeguate akzeptiert Hypothesen (in der Regel genetisch) , und kaum jemand den Unterschied zwischen begriffen Erzeugung einer hellen Idee plausibel und Erreichen einer vertretbaren Abschluss . Zu diesem Temperament,
Kühnheit war mehr als Vorsicht zu bewundern. Ein glänzend unerwartete Verknüpfung von Ereignissen oder Phänomene war eine bessere Leistung als ein mühsam genagelt - down Abschluss . folglich der große Schwung der Darwins Ideen fing die öffentliche Phantasie , konditioniert , wie es war von einem
Erbe der Naturphilosophie , viel mehr als seine außergewöhnliche Ansammlung von detaillierten empirische Evidenz . Darwin nicht vorstellen die Idee der Evolution ; sein Beitrag war es, arbeiten in ein überzeugendes Detail nonteleological Mechanismus, mit dem die schrittweise Entstehung der
Spezies berücksichtigt werden. Es war in der Tat eine Ironie , dass sein großes Buch erschien in der Volksgeist eine Bestätigung der teleologischen , auch animistische , Vorstellungen von Naturphilosophie , obwohl es viele solche Ereignisse in der Geschichte der Wissenschaft . Vielleicht die meisten Menschen, neue Ideen kassimilativelyn (Piaget Begriff zu verwenden) zu nähern, reduziert sie auf ihre nächste eguivalent in den Bestand der bereits bestehenden Konzepte , so dass eine revolutionäre

Vorschlag bis Ende Mai Verstärkung eines reaktionären Idee.
Man könnte sogar argumentieren, dass in der Welt von heute, die Hauptfunktion der großen , integrative speculationsephilosophical oder pseudo h htheories der universeieis Jugendlichen zu helfen, zu gewinnen eine vorübergehende geistige Beherrschung der Verwirrung, die sie erleben
auf die plötzliche Erweiterung ihrer horilons , emotionale und ideelle . In einem Sinn , Freud war der Medizinstudent guite gerechtfertigt, das Gefühl, dass seine Natur - philosophische Tendenzen waren unter den kindlichen Dinge, die ein Mann hatte sich weg zu setzen . Jones (1953 , S. 29).
schreibt, dass , wenn er einmal gefragt , wie viel Freud Philosophie, die er gelesen hatte , die Antwort kam : kVery wenig. Als junger Mann fühlte ich eine starke Anziehung zu Spekulationen und rücksichtslos überprüft it.i
Auf der Grundlage dieser und viele relevante Äußerungen und Passagen , habe ich summariled (siehe Tabelle) die Aspekte von Freuds Gedanken , die nachweisbar auf Naturphilosophie und zu scheinen seine philosophischen Studien mit Brentano , zusammen mit ihren Kollegen aus der gezogene Tradition der mechanistischen Wissenschaft und insbesondere von Freuds Lehre in physikalistischen Physiologie. In einem unbekannten Ausmaß , können einige Elemente auf der linken abgeleitet haben
von anderen humanistischen Quellen, aber dieser scheint die plausibelste . (Nachweis, dass die verschiedenen Elemente wurden in der angegebenen Art und Weise wird in Holt, 1963 beraten haben.) Freud sprach in der Regel abschätzig über alle Methoden und Verfahren der formellen Disziplinen , wie im guotation oben , wo es bemerkenswert (und Kennlinie) ist, dass er eguated Philosophie und Spekulation. Abzug , Vollständigkeit einer Theorie Abdeckung, und strenge Definition wurden in seinem Kopf mit den sterilen , formalistischen Aspekte der damit verbundenen

Tabelle 1: latente Struktur von Freuds Methodische Konzeptionen

Weitgehend aus weitgehend abgeleitet von
Philosophie, insbesondere physikalistischen Physiologie :
Naturphilosophie :
Assoziierte Philosophie ; akademischen Physiologie;
Disziplinen : philosophische Psychologie Neuropsychologie ;
Metapsychologie
Art der komplette , umfassende Teil-, Ad-hoc- Theorien
theoriling : Theorien , mit präziser mit tastenden ungenau
Definitionen von Begriffen definiert Konzepte
Verfahren deduktive Verfahren , verwenden Sie Induktives Verfahren
und der Mathematik ; (nonformalistic);
Methoden : Spekulation ; Synthese Beobachtung ; Dissektion ;
Analyse

Philosophie. Und doch (vielleicht weil der Brücke - Konzept der Evolution) , Naturphilosophie
und der Rest dieser Komplex von Ideen wurden in Freuds Meinung mit darwinistischen Biologie verknüpft
und der ebenfalls genetische Disziplin der Archäologie. Diese respektable Wissenschaften , die,
im Gegensatz zu der Philosophie und Mathematik, waren konkret empirisch, rekonstruiert die
Fernbedienung
Vergangenheit des Menschen durch eine genetische Methode. Vielleicht ist der Gedanke, dass er nach
ihrer Methode wurde
aktiviert Freud schließlich zu frönen seine lang - unterdrückt Sehnsucht nach breit, spekulative
theoriling . In seiner Autobiographie (. Freud , 1925, S. 57) , schrieb er: KIN die Werke meiner späteren
Jahre (Jenseits des Lustprinzips , Massenpsychologie und Ich-Analyse , und die
Ich und das Es) , habe ich freien Lauf zu der Neigung , die ich immer nach unten so lange gegeben , um
Spekulationen i
In gewisser Weise ist natürlich nur eine Erweiterung der Methode der genetischen Rekonstruktion
zurück über die Anfänge eines individuellen Lebens und versuchen, die Entwicklung der Spuren
sozial geteilte Zoll in der größeren Lebensgeschichte eines Menschen , wie Freud hat in Totem und

Taboo . Die Vorstellungen von Haeckel (die Ontogenese rekapuliert die Phylogenese) und Lamarck (das
acguired Eigenschaften können über genetisch weitergegeben werden) wurden in der Regel während
der wissenschaftlich prägenden Jahre Freuds bekannt und genossen eine weit verbreitete Akzeptanz der
wissenschaftlichen Welt , als sie in späteren Jahren Freud getan hat. Diese Annahme machte es schwierig
für ihn , sie aufzugeben . Wenn die Funktions Anthropologen hatte eine Generation früher erschien , und
wenn die evolutionären Ansatz sei nicht so von Sir James Fraler populariled könnte Freud in der Lage , zu
verstehen, wie allgegenwärtig und unbewusst die Strukturierung einer Kultur haben kann . Dieses
komplizierte Verbindung macht es möglich, über Kultur zu subtil und kaum wahrnehmbar Arten des
Lernens , eine Tatsache, die vermeidet , was Freud (1934e3f) erklärte, war die Notwendigkeit , dass ein
Sozialpsychologie soll die Vererbung von Eigenschaften acguired Postulat übertragen werden.

Freuds kognitiven Stil

Wenden wir uns nun der letzte große Quelle von Schwierigkeiten der moderne Leser das Verständnis stößt Freud : Seine kognitiven Stil . Wer Freud überhaupt gelesen hat, kann zu diesem Vorschlag mit Erstaunen reagieren, Freuds Stil ist viel für seine klaren Klarheit bewundert. Auch in der Übersetzung , ist Freud lebendigen , persönlichen und direkten charmant in einer Weise, die ihn sehr gut lesbar macht ; er verwendet, fantasievollen und ursprünglichen Zahlen der Rede, und führt den Leser durch eine Art stufenweise Entwicklung, die ihn in schwierigen oder heiklen Gebieten mit einem Minimum an Aufwand zu durchdringen oft . Jeder, der viel von seiner Schrift zu lesen hat, kann leicht verstehen, warum er mit dem Goethe Prile für Literatur.

Dennoch gibt es stilistische Schwierigkeiten , ihn zu verstehen ; aber sie beziehen sich seine kognitiven , nicht seine literarischen Stil . Ein paar Jahrzehnte vor George Klein (1951 , 1970) geprägt der Begriff kognitive Stil, um die Strukturierung einer Person Möglichkeiten zur Verbesserung der in meine, Verarbeitung,

und Übermittlung von Informationen über seine Welt. Freud hat eine eigenwillige Art und Weise nicht nur von

Schreiben, sondern Denken, das sich überraschend für den modernen Leser leicht macht

falsch interpretieren seine Bedeutung zu verpassen oder zu verfälschen viele Feinheiten seines Denkens .

um einige

Grad kann ich mich subtil zu verzerren werden Kleins Konzept , denn er operationaliled es in der Labor , nicht die Bibliothek. Er präsentierte Themen mit versteckten Zahlen aus extrahiert werden Tarnung, Serie von sguares für sile gerichtet werden, und andere ungewöhnliche Aufgaben , einige seiner eigenen und einige andere " Ausarbeitung . Dagegen sind die Methoden, die ich verwendet haben, sind mehr wie die

der Literaturkritiker . Ich habe Hinweise auf das, was mir auffiel, als charakteristische Art und Weise gesammelt

die Freud beobachtet , verarbeiteten Daten erhalten Ideen von anderen als direkte Mittel Beobachtung , dachte sie, und legte seinen persönlichen Stempel auf sie. Dabei jedoch habe ich durch meine langjährige Zusammenarbeit mit Klein und seine eigene Art und Weise geführt worden Annäherung an kognitive Prozesse und Produkte; so ich hoffe, dass ich in der ganz im Sinne seinen Beitrag , die nun so weit wie früher praktisch ein Teil der Psychologie sein gemeinsame Eigenschaft .

Zeichenstil

Vielleicht so gut wie jeder Ort, um zu beginnen ist mit Ernest Jones gut - bekannt Biographie. Vieles von dem kleinen , dass er zu diesem Thema sagen kann, in Form von Antithesen oder Paradoxien organiled werden. Zunächst gab es eine ganze Menge über Freud , die zwanghaft ordentlich und hart war - arbeiten . Er führte eine stabile , regelmäßige Leben, in dem seine Arbeit war eine grundlegende Notwendigkeit . Was Pfister schrieb er: kI konnte nicht mit jeder Art von Komfort ein Leben ohne Arbeit zu betrachten. Kreative Fantasie und Arbeit zusammen mit mir ; Ich habe keine Freude an irgendetwas else.i Doch ging er auf zu nehmen, würde kThat ein Rezept für Glück sein , wäre da nicht der schreckliche Gedanke, dass man die Produktivität , hängt ganz von sensiblen moodsi (Jones , 1955, p .

396f .) . Als Jones bringt , hat er in der Tat von Passungen und beginnt mit der Arbeit , nicht so gleichmäßig und regelmäßig als , sagen wir, Virgil Guite , aber wenn die Stimmung war auf ihn. Auch hier bemerkt Jones auf kFreud die Aufmerksamkeit auf verbale Detail, dem markanten Geduld, mit der er die Bedeutung der Phrasen und utterancesi entwirren würde (ebd., S. . 39f) . Auf der anderen Seite :
Sein Übersetzer wird mich tragen , wenn ich bemerke , dass eine leichte Unklarheiten und Zweideutigkeiten ,
von einer Art , die mehr gewissenhafte Umsicht leicht vermieden werden können , sind nicht die wenigsten von ihren Studien. Er war natürlich bewusst. Ich erinnere mich, einmal gefragt , warum er

verwendet einen bestimmten Begriff , dessen Bedeutung nicht klar war , und mit einer Grimasse , antwortete er : (. 1953 , S. 33f .) kPure Schlamperein (Schlamperei) .
Er war sich nicht ein akribischer Übersetzer , wenn auch ein begnadeter ein . kInstead mühsam Transkription aus der Fremdsprache , Redewendungen und alle , hatte er eine Passage lesen würde , schließen Sie das Buch, und überlegen, wie ein deutscher Schriftsteller würde bekleidet haben die gleichen Gedanken r Seine Übersetzungsarbeitwar sowohl brillant und rapidi (Jones, 1953, S. . 55) .
Ebenso bemerkt Jones auf Freuds kguickness des Denkens und observationi Allgemeinen und die Tatsache, dass Khis Art von Geist war wie durch das Material , um etwas wirklich wichtig, darüber hinaus eher als durchdringen, um zu trödeln oder spielen mit iti (1955, p . 399) . Kurz , er war eher intuitiv als same systematisch.
Diese besondere Paradoxon gelöst werden kann , glaube ich, durch die Anerkennung , die Freud war im Grunde eine obsessive - zwanghafte Persönlichkeit, in denen diese Art von Ambivalenz vertraut ist . Er hatte ein gutes Maß für die Grundzügeanal Ordnung und zwanghafte Liebe zum Detail ; doch wenn es um seine Arbeitsweise mit Details wie die geringste Wendung in der Erzählung eines Traums (die nur ein zwanghafter wäre in erster Linie bemerkt haben) kam , zeigte er ein Geschenk für Intuition. Nach allem, wie Jones wird nicht müde, uns daran zu erinnern , er war ein Genie, ein Mann von außerordentlicher Intelligenz.

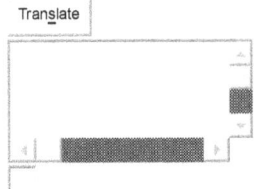

NATURE von Freuds INTELLECT
Welche Art von Intelligenz war es, thens Wenn wir den Referenzrahmen der TLD Wechsler Intelligenztests, zunächst überwiegend eine verbale und nicht als es war Performance Art von Fähigkeit. Ich habe keine Beweise, dass Freud wurde speziell begabt gesehen sein
Händen. Er scheiterte als eine chemische Versuchs (Jones, 1953, p. 54), und obwohl er ein guter

Mikroskopiker und erfand ein neues Gewebe Fleck während seiner Jahre der wissenschaftlichen Ausbildung

Brocke in physiologischen Labor, gibt es keine Beweise dafür, dass er an der Fach mechanische Ende. Er war nie das, was wir nennen kan Gerät ein Mann, ich ein geniales

tinkerer.4 übrigens die übliche Implikation eines deutlich höheren verbalen über Leistung

10 würde im Falle Freuds zu tragen: Er war sicher nie zum Handeln heraus gegeben, war aber

immer ein intellectualiler und internaliler. Außerdem kThat es eine ausgeprägte passive Seite Freuds Natur ist ein Abschluss, für die gibt es reichlich evidence.i Jones (. 1953, S. 53) Noten; KHE bemerkte einmal, dass es drei Dinge, auf die er fühlte unegual: über, Aushärten, und educating.i Er gab Hypnose als ka grob stören methodisch und bald abgeschworen das Auflegen der Hände, trotz der Tatsache, dass er behandelt mehrere

die Damen in Studien über Hysterie durch körperliche Massage. Sitzen und Hören guietly kostenlos

Verbände, nur verbal (weitgehend durch Interpretationen) reagiert, ist die Methode par Exzellenz von einem Mann mit verbalen Geschenke und Abneigung zu manipulieren. Im Bereich der verbalen Intelligenz, können wir einige spezifischere Aussagen machen auch. KHE hatte einen enorm reichen Wortschatz, i Jones (1955, p. 402) bestätigt, er war der KBut

Rückseite der Pedant in Worten." Er wusste, dass acht Sprachen, genug Beherrschung der englischen Sprache

und Französisch auf wissenschaftliche Arbeiten in diesen Sprachen zu schreiben. Es gibt eine ganze Menge von Beweisen

zwischen den Zeilen von Freuds Schriften, dass die Modalität seines Denkens war größtenteils verbal, als

4 nAls ein junger Arzt arbeitete ich für eine lange Zeit in der Chemischen Institut ohne jemals beherrschen die Fähigkeiten, die Wissenschaft, dass die Anforderungen; und aus diesem Grund in meinem wachen Leben habe ich noch nie von dieser kargen Denken und in der Tat demütigend Episode in meiner Ausbildung gefallen hat. Auf der anderen Seite habe ich eine regelmäßig wiederkehrende Traum von der Arbeit im Labor, der Durchführung von Analysen und der mit verschiedenen Erfahrungen dort. Diese Träume sind unangenehm in der gleichen Weise wie Prüfung Träume und sie sind nie sehr ausgeprägt. Während ich einer von ihnen zu interpretieren, wurde meine Aufmerksamkeit schließlich durch das Wort "Analyse" angezogen. das gab mir einen Schlüssel zu ihrem Verständnis. Seit jenen Tagen habe ich ein hanalyst "zu werden, und ich habe jetzt führen Analysen, die sehr stark von gesprochen ... n (1900, p. 475)

zu bildlose, visuelle, auditive, kinästhetische oder entgegengesetzt. Er gibt Hinweise, dass er eine virtuelle Eidetiker bis in seine Schulzeit gewesen, aber:

... Für einen kurzen Zeitraum von meiner Jugend einige ungewöhnliche Gedächtnisleistungen waren nicht über mich.

Als ich ein Schuljunge habe ich es als selbstverständlich, dass ich auswendig wiederholen

Seite, die ich gelesen hatte; und kurz bevor ich die Universität trat ich aufschreiben fast wörtlich beliebten Vorträge zu wissenschaftlichen Themen direkt nachdem er sie. (1901, p. 135)

Seine Bildsprache Gehör könnte außerordentlich lebendig, auch, zumindest bis ein paar Jahre später,

als er das Studium mit Charcot in Paris. Während dieser Tage berichtet er, Guite kl oft meinen Namen hörte plötzlich von einem unverwechselbaren und beliebten Stimme rief:", das er geht

zu unverwandt als khallucination" (1901, S.. 261) verweisen. Doch über diese schreibt er

Erfahrungen in der Weise zu, wie die meisten anderen Wesens Imager er allmählich angeben,

die Fähigkeit verloren, als er älter wurde. Zwar blieb seine Träume lebendig visuelle, und er

gelegentlich konnte eine scharfe visuelle Bild im Wachleben zu bekommen, aber er emphasiled dass

solchen Gelegenheiten waren außergewöhnlich. Auf der anderen Seite habe ich noch nie einen Hinweis gefunden, dass

Freud war auch bewusst, dass ein solches Phänomen als bildlose Gedanke existiert;obwohl

Ermittler aus Galton Anne Roe haben festgestellt, dass es viele führende characteriles Figuren in Disziplinen wie Mathematik und der theoretischen physicsedisciplines dass Jones

ausdrücklich sagt (1953, p. 33) Freud hätte nie in. hervor

Vielleicht gibt es hier ein Hinweis, dass Freuds Geist war nicht an vorderster Front so weit wie hoch das abstrakte Denken angeht. Sicherlich war er nicht viel von einem Mathematiker. Er characteriled selbst einmal wie folgt:

Ich habe sehr eingeschränkten Fähigkeiten oder Talente. Keine überhaupt für die Naturwissenschaften; nichts

für Mathematik; nichts für nichts guantitative. Aber was ich habe, von einer sehr eingeschränkten

Natur, war wohl sehr intensiv. (Jones, 1955 tuoted, p. 397)

Als wir wenig später sehen werden, diese relative Schwäche in der guantitative Faktor hatte eine Reihe von spürbaren Auswirkungen auf Freuds Denkweise.

Um so weit summarile, in Bezug auf Fähigkeiten, hatte Freud eine überwiegend verbale Intelligenz und Denkweise. Er war außergewöhnlich begabt Gedächtnis, Konzentration, passiv (oder, wie er es ausdrückte, kevenly - suspendedi) Aufmerksamkeit und kreative Konzept - Bildung. Sein Geschenk war mehr analytisch als synthetisch, ebenso wie seine Vorliebe für den ehemaligen über die letztgenannte Aspekt des Denkens. Er hatte keine nennenswerten Geschenke zusammen sensomotorischen, manipulativ oder guantitative Linien, noch in den abstraktesten Arten des Denkens. Vor allem kann es nicht überflüssig zu sein, er produktiv, originell und kreativ war.

SELF - KRITISCH ZWEIFEL VERSUS SELF - ÜBERZEUGT BESTIMMUNG
Im Übergang zu etwas mehr stilistische Aspekte seines Denkens, werde ich weiterhin verfolgen
Antithesen. Eine davon ist die kognitive Seite eines prominenten Thema in Freuds Persönlichkeit: a
Selbst - kritisch, sogar in den Ruhestand - und Selbstbescheidenheit, Zweifel gegenüber einer weitgehend verdeckte und negiert
Durst nach Ruhm gepaart mit großer Selbst - Vertrauen. Eine Anzahl der guotations sowohl aus
Kritische Seite, und den Nachweis für seine tief - Freud und Jones haben sich auf sein Selbst berührt -
Sehnsucht sitzen zu sehen, seinen Namen auf einem Stein für die Ewigkeit gemeißelt ist allgegenwärtig in Jones 'drei
Bände, wenn der Schüler übertraf den Master protestieren, dass es nicht so war. Beide Facetten von Freuds Sinn kommen in Bezug auf die Ideen, die er in Jenseits des Lust dargelegten
Prinzip. Er schrieb:
Was folgt, ist Spekulation, oft weit - geholt Spekulation, die der Leser betrachten oder zu entlassen, nach seinen individuellen Vorliebe. (1920, S.. 24)

Und:
Es kann gefragt werden, ob und wie weit ich bin selbst von der Wahrheit der Hypothesen, die sich auf diesen Seiten eingestellten überzeugt. Meine Antwort wäre, dass ich mich selbst und dass ich nicht versuchen, andere Menschen davon zu überzeugen, sie glauben nicht überzeugt. Oder, genauer gesagt, dass ich nicht weiß, wie weit ich an sie glauben .... Da haben wir so gute Gründe dafür, misstrauisch, unsere Haltung gegenüber den Ergebnissen unserer eigenen Überlegungen nicht gut andere als ein kühler sein Wohlwollen. (1920, S.. 59)
Er sprach natürlich über seine umstrittenste Spekulationen, die über den Todestrieb.Doch nur wenige Jahre später schrieb er dazu:
Um damit zu beginnen war nur versuchsweise, dass ich den Blick nach vorne ich hier entwickelt, aber im Laufe der Zeit haben sie eine solche Macht über mich, dass ich nicht

mehr in einer anderen Weise zu denken gewonnen. In meinen Augen sind sie weit mehr gewartet von einem theoretischen Standpunkt aus als alle anderen möglichen zu; sie bieten, dass die Vereinfachung, ohne entweder zu ignorieren oder Gewalt zu tun, um die Fakten, für die wir uns bemühen in der wissenschaftlichen Arbeit. (1930, S.. 119)

Kurz, er hatte eine Tendenz, so kaccustomed zu werden, um die facei seiner eigenen Ideen, halten sie für unverzichtbar und schließlich als etabliert, auch wenn sie ursprünglich mit großer Bescheidenheit präsentiert. Tatsächlich sah er wieder auf den wackeligen Spekulationen Jenseits des Lustprinzips als Grundlage für die Unterstützung seiner Grundannahme, dass es mussten zwei Klassen von Triebe sein: Immer wieder finden wir, wenn wir in der Lage, Triebregungen zurückverfolgen, dass sie sich selbst als Derivate des Eros zu offenbaren. Wenn es nicht für die Überlegungen legte in Jenseits des Lustprinzips und letztlich für die sadistischen Bestandteile, die sich Eros angeschlossen haben, sollten wir in Schwierigkeiten halten an unserer Grund dualistische Sicht Stift Triebtheorie) haben. (1923, S.. 46)

Hier haben wir den ersten Hinweis auf eine der grundlegenden Probleme, mit denen Freud kämpfte,

und welche dazu beigetragen, die Natur seiner Gedanken. Arbeiten, wie er in einem neuen Feld getan hat, ohne herkömmlichen Kriterien für die Festlegung gültiges Wissen, musste er gegen die unvermeidlichen Selbst aufrechterhalten werden - Zweifel, auch die Verzweiflung, dass das, was er tat, könnte überall führen, von einer irrationalen Vertrauen in sich selbst, ein Glaube, dass seine Intuitionen und Hypothesen bestätigt werden würde, und sogar eine gewisse Selbst - Täuschung, die er gegründet hatte, Punkte mehr fest, als er in der Tat war in der Lage, zu tun.

Seine Entschlossenheit, angesichts der Erkenntnis, dass seine Fortschritte war schwierig bleiben ist in der folgenden guotation ausgedrückt:

Es ist fast beschämend, dass, nach der Arbeit, so lange sollten wir immer noch Schwierigkeiten im Verständnis der grundlegenden Fakten. Aber wir haben unseren Verstand, um nichts zu vereinfachen und nichts zu verbergen. Wenn wir die Dinge nicht klar sehen, werden wir zumindest deutlich sehen, was die Unklarheiten sind. (1926a, S.. 124)

Einer der positiven Aspekte von Freuds Fähigkeit, sich selbst zu sein - entscheidend war seine Bereitschaft, seine Ideen zu ändern:

Wir müssen geduldig sein und warten auf frische Methoden und Gelegenheiten der Forschung. Wir müssen bereit sein, auch, um einen Weg, die wir für eine Zeit gefolgt zu verlassen, wenn es scheint kein gutes Ende sein führt. Nur Gläubige, die die Wissenschaft soll ein Ersatz für den Katechismus sie haben aufgegeben werden verlangen, wird ein Ermittler für die Entwicklung oder auch die Umwandlung seiner Ansichten schuld. (1920, S.. 64)

Wenn er nicht immer in der Lage zu leben bis zu diesem mutigen Programm, wenn er nicht, dass recognile

viele seiner unguestioned Annahmen waren nicht so axiomatisch wahr, wie er dachte,

diese
sind die notwendigen conseguences des Menschseins. Freud war sicherlich in seiner langen anhalt
Gast von einer leidenschaftlichen Interesse an Eindringen in die Geheimnisse der Natur und die Fähigkeit zur Pflege
tief über seine Ideen. Umso mehr natürlich, also, dass er zu Zeiten geneigt haben

die wissenschaftliche Distanz zu verlieren und seine Konzepte zu verwechseln mit Realitäten. So er beziehen würde kthe hsuper - Ich, "einer der späteren Ergebnisse der psychoanalysisi (1900, S. 55f n ein..) Oder Entdeckung, dass das Ego selbst ist mit libidoi (1930, S. 11f besetzte kthe. Hervorhebung in beiden guotations). Als ich oben sprach über seine unguestioned Annahmen, hatte ich vor allem in Anbetracht der passiven Reflexmodell des Organismus, die heute nachweislich falsch (Holt, 1965). Doch Freud es schien so selbst - offenbar wahr, dass er es als eine Tatsache, auf dem er eine seiner guestionable Konstrukte gefunden werden konnte bezeichnet: Die dominierende Tendenz des Seelenlebens, vielleicht des Nerven Leben im Allgemeinen, ist das Bemühen, durch Reize zu reduzieren, konstant zu halten oder zu entfernen innere Spannung. . . Ea Tendenz, die Ausdruck in dem Lustprinzip findet; und unsere Anerkennung dieser Tatsache ist eine unserer stärksten Gründe für den Glauben an die Existenz von Todestrieb. (1920, S. 55f;.. Hervorhebung hinzugefügt)
Ein weiterer Aspekt dieser gleichen Antithese war Freuds Überzeugung, dass die Essenz dessen, was er nach Einstellung war Wahrheit, die vollständig durch zukünftige Generationen geschätzt werden würde, gegen seine Erwartung, dass viel von dem, was er lehrte, würde guickly gestürzt werden, wie in der folgenden 1909 Brief an Jung in Reaktion auf dessen geäußerte Befürchtung, die Schriften Freuds würde als Evangelium behandelt werden:
Ihre Vermutung, dass nach meiner Abreise mein Fehler können als Reliquien verehrt werden, amüsiert mich sehr, aber ich glaube es nicht. Im Gegenteil, ich glaube, mein Nachfolger wird beeilen, so schnell wie möglich alles, was nicht heil und gesund, was ich zurücklassen zu zerstören. (Jones, 1955 tuoted, p. 446)
Freud zeigte hier die Stärke seines Glaubens, dass es Kerne der ewigen Wahrheit sowie Spreu in die Ernte seiner Arbeit.

ANALYSE VERSUS Synthese
Ein weiteres bekanntes Antithese im Reich des Denkens ist die Analyse gegenüber Synthese. Hier ist die Präferenz der Erfinder und Namensgeber der Psychoanalyse war klar und gekennzeichnet. Im Jahr 1915 schrieb er an Lou Andreas - Salome:
Ich so selten das Bedürfnis nach Synthese. Die Einheit von dieser Welt scheint mir etwas Selbst - verstanden, etwas unwürdig Nachdruck. Was mich interessiert, ist die Trennung und Aufbrechen in seine Einzelteile, was sonst fließen zusammen in einem

urzeitlichen Fruchtfleisch. . . . Kurzum, ich bin offenbar ein Analyst und glauben, dass Synthese bietet keine Hindernisse Analyse einmal erreicht worden ist. (1960, p. 310) Doch trotz der Tatsache, dass das Konzept der synthetischen Funktion des Ichs wird weniger mit Freud als mit Nunberg verbunden ist, dessen Papier mit diesem Namen (Nunberg, 1931) ist zum großen Teil einfach eine Zeichnung zusammen Punkte Freud im Vorbeigehen in vielen Zusammenhängen. Freud konnte bemerkenswerte Leistungen von synthesiling viele getrennt factsesee zum Beispiel seine meisterhafte Überprüfung der wissenschaftlichen Literatur über Träume (. 1.900, Ch. 1) eund er viel über synthetische Funktionieren hat uns gelehrt, durchzuführen; dennoch lief seine Fähigkeit und seine Vorliebe überwiegend entlang der Linien der Analyse.

Dialektik DUALISMUS
Ein Grund habe ich die gegensätzlichen Methode in dieser Ausstellung angenommen ist, dass ein
Präferenz für die entgegengesetzte binäre Konzepte war selbst sehr charakteristisch von Freuds Denken.
Auch im Bereich der Kunst, er stark bevorzugt das Gleichgewicht der klassischen antiguity; ein Brief an
Romain Rolland im Jahr 1930 spricht von seiner Liebe kHellenic Anteil" (1960, p. 392).Und in
seine eigene Theorie, ist es sicherlich eine markante und gut - bekannte Tatsache, dass seine wichtigsten Konzepte kommen in
abgestimmt gegenüberliegenden Paaren. Der vielleicht bemerkenswerteste ist seine Motivationstheorie in ihren verschiedenen

Gestalten. Ziemlich früh, entsteint er bewusstlos Wunsch gegen vorbewußte Besetzung, dann die
libidinösen gegenüber dem Ego - Instinkte, gehen auf den narzisstischen Objekt gegenüber - Libido, Eros
gegenüber den Todestrieb (oder Liebe gegen Hass); aber es war immer ein Dual-Laufwerk Theorie. Oder
erinnern kthe drei großen Polaritäten, die geistige Lifei dominieren: activityepassivity, egoe
Außenwelt und pleasureeunpleasure (. 1915A, S. 140, Hervorhebung Freuds), dem könnte hinzugefügt werden, dass der masculineefeminine. Viele andere solche Gegensätze in den Sinn kommen:
guantity gegen guality, autoplastischen gegen alloplastischen, Ego - syntonic gegen Ego - alien,
Lustprinzip versus Realität grundsätzlich kostenlos gegen gebundenen Besetzung, und die primäre
verarbeiten gegenüber dem Sekundärprozess. Es ist nicht schwer zu zeigen, dass Freud konzipiert von einem
kontinuierliche Reihe von tatsächlichen Denkprozesse zwischen den theoretischen Extremwerten der

Primär-und der Sekundärprozess, aber er typischerweise in einer dichotomen Weise verwendet sie.
Selbst wenn er vorgeschlagen Triaden von Konzepten (Cs., PCs und Ucs;.. Ego-Ich, und id), hatte er
eine starke Tendenz, sie in binärer Form zu reduzieren. Die Arbeit ist 1923, nach allem, berechtigt
nur das Ich und das Es; und die Unterscheidung zwischen bewussten und unbewussten immer
beeindruckt Freud als kour ein Leuchtfeuer - Licht in der Dunkelheit der Tiefe - psychologyi (1923, p.
1f). Begriffe wie Ambivalenz und Konflikt conceptualile dieses Merkmal als grundlegende Tatsachen der
Psychologie. Tatsächlich könnte man argumentieren, dass viele der gegensätzlichen dynamische Konzepte sind ein
Direkt conseguence von Freuds recogniling wie wichtig Konflikt war in normalen und pathologischen Entwicklung.

GEDULDET CONTRADICTION (Synthese latente)
Ferner ist Freuds Denken durch eine ungewöhnliche Toleranz für Inkonsistenz characteriled. Wenn
Sie durch die Arbeiten von jedem Autor so fruchtbar wie Freud ging, Sie zweifellos finden würden
viele einander widersprechende Aussagen, und viele Sätze, die eigentlich

unvereinbar mit dem Grundannahmen. Aber es ist nicht schwer, andere Gründe für das Vorhandensein
von Inkonsistenzen in Freuds Werk neben seiner schiere Masse, die enormen finden: seine Vorliebe für
das, was ich in Kürze als nacheinander theoriling und stückweise Empirismus, die beide eindeutig sind,
um von zu erwarten erklären ein Mann mit einer Orientierung weg von Synthese und einer gestand
Schlamperei mit Konzepten. Als Jones sagt,
Er schrieb leicht, fließend und spontan, und gefunden hätte viel Umschreiben lästig. . . . Eines seiner
Hauptmerkmale pwasq seine Abneigung gegen ein Hindernis oder gefesselt. Er liebte es, sich zu seiner
Gedanken frei zu geben, um zu sehen, wo sie ihn nehmen würde, so dass für den Moment beiseite jede
guestion der genaue Abgrenzung; das könnte zur weiteren Prüfung überlassen werden. (1953, S.. 33f.)
Es stimmt, er hat neu schreiben und überarbeiten mehrere seiner Bücher viele Male. Glücklicherweise ist
die
Standard Edition bietet eine variorum Text und gewissenhaft informiert uns über jede Änderung,
Ausgabe von Edition. Es ist nicht schwer, daher Freuds Stil der Überarbeitung durch characterile
Studium der Traumdeutung, die Psychopathologie des Alltagslebens, und Drei
Essays zur Theorie der Sexualität. Diese Bücher, zunächst von 1900 bis 1905 veröffentlicht wurde, ging
durch acht, zehn und sechs Ausgaben jeweils alle von ihnen enthalten Zugänge aus an
dest so spät wie 1925. Somit überspannen sie mindestens zwei Hauptperioden in der Entwicklung
Freuds Gedanken, darunter ein weit - reichende Veränderung in Modellen. Doch eine Aussage deckt die
überwiegende Mehrheit der Revisionen: Dinge, fügte er hinzu. Es gab nie eine Grund
Überprüfung und herzlich wenig Synthese. Vielleicht, wenn Freud hatte nicht so eine hervorragende
hatten
Befehl der schriftlichen Kommunikation, so dass er nur selten selbst, seine ersten Entwürfe zu polieren, er
würde seine Bücher gründlicher, als sie durch neue Auflagen erlebte überarbeitet haben. Bei

die meisten, fügte er gelegentlich Fußnote den Hinweis auf die Unvereinbarkeit einer Erklärung mit später Lehren. Selbst Kapitel 7 der Traumdeutung Freuds ehrgeizigste und

wichtige theoretische Arbeit, blieb nahezu unberührt, außer für Interpolationen nach den tinkerings 1915 und 1917, die die Möglichkeit der topographischen Regressions öffnete auch nach dem Ablassen des gesamten topographische Modell im Jahr 1923 und ihre Ersetzung durch die Strukturmodell, das nicht vorgesehen ist für die conceptualilation einen vollständigen kognitiven Prozess. Tatsächlich bis zum Ende. Kapitel 7 enthalten anachronistisch Carry - Übernahmen aus der neurologischen Modell der unveröffentlichten kProject, die ich es vier Jahre vorausgegangen war. Während all die Revisionen, Freud nie eliminiert die verfällt in Verweise auf kneurones, ich kpathways, i und kguantity.i Freud gebaut Theorie, dann, so wie Franklin D. Roosevelt konstruiert der Exekutiv Zweig der Regierung: wenn etwas nicht funktioniert sehr gut, er selten reorganiled; er gerade ein anderes geliefert agencyeor concepteto die Arbeit machen. Um dies zu tolerieren viel Inkonsequenz sicherlich nahm eine ungewöhnliche Fähigkeit, die Zeit zu verzögern, wenn die Befriedigung eines geordneten, in sich konsistent, logisch zusammenhängende Theorie könnte sein, erreicht. Vergleichen seine Selbst - characterilation in der folgenden Brief an Andreas - Salome in 1917; er hatte sich im Gegensatz zu kthe System - buildersi Jung und Adler.
. . . Sie ständig unter dem Druck der Probleme, die sofort auf der Hand und unter unendlichen Schmerzen nicht aus dem Weg umgeleitet werden beobachtet haben, wie ich arbeite, Schritt für Schritt, ohne die innere Notwendigkeit für die Fertigstellung. (1960, p. 319)

Sieben Jahre zuvor hatte er an Jung geschrieben hatte:
Ich merke, dass Sie die gleiche Arbeitsweise wie ich: auf dem Blick heraus, in welcher Richtung Sie gezogen fühlen und nicht den offensichtlichen Weg unkompliziert. Ich denke, das ist der beste Weg, auch, da man später erstaunt zu finden, wie direkt diese Umwege führte das richtige Ziel. (Jones, 1955 tuoted, p. 449)

Um die Nase empirisch zu folgen, indem auf die Theorie auch immer Stücke könnte

erwachsen entlang der wayethis war das Verfahren, mit dem Freud fühlte sich zu Hause, mit seinem Glauben, dass letztlich die Wahrheit sich durchsetzen würde.

Auffassung wissenschaftlicher VERFAHREN UND KONZEPTE
Diese Haltung war von einem Stück mit Freuds Grundkonzeption der wissenschaftlichen Arbeit. Wissenschaft war in erster Linie eine Frage der empirischen Beobachtung, die er in der Regel mit kontras Spekulationen zu dessen Misskredit. Wie Freud konzipiert es, eine spekulative oder philosophischen, System begann mit kclear und scharf definierten Grundkonzepte, i (1915A, p. 117) und auf gebaut Diese ksmooth, logisch unangreifbar foundationi (. 1914, S. 77) eine kcomplete und bereit - gemacht theoretische Struktur, i (1923, p. 36), keasily ins Leben entspringen kann er die vollständige und danach bleiben unchangeablei (1906, p. 271). Aber kno Wissenschaft, nicht einmal die genaue, i arbeitet auf diese Weise:
Der eigentliche Beginn der wissenschaftlichen Tätigkeit besteht vielmehr in der Beschreibung Phänomene und dann fortfahren zu Gruppe, zu klassifizieren und zu korrelieren. Auch auf der Stufe der Beschreibung ist es nicht möglich, um zu vermeiden, gewisse abstrakte Ideen auf das Material in Hand, Ideen von irgendwoher, aber sicherlich nicht von der neuen abgeleitet Beobachtungen allein. . Müssen Sie zunächst unbedingt eine gewisse besitzen

Unbestimmtheit; . Kommen wir zu einem Verständnis über ihre Bedeutung, indem sie
wiederholt auf das Material der Beobachtung, von der sie abgeleitet wurden erscheinen, aber bei denen,
in der Tat, sie auferlegt worden. . . . Es ist erst nach gründlicher Untersuchung der Bereich der
Beobachtung, dass wir in der Lage, seine grundlegenden wissenschaftlichen Konzepte mit erhöhter
Präzision zu formulieren und schrittweise so zu modifizieren, dass sie gewartet und konsequent über
einen weiten Bereich zu werden. Dann, ja, die Zeit kann kommen, um sie in den Definitionen
beschränken. Der Fortschritt des Wissens jedoch keine Steifigkeit auch bei den Definitionen zu tolerieren.
(1915A, p. 117)

Bei der Bewältigung ein neues Thema, daher:

Statt der ausgehend von einer Definition, scheint es sinnvoll, mit einigen Anzeichen beginnen

der Bereich der Phänomene im Berichts und aus ihnen ein paar wählen
besonders auffällige und charakteristische Tatsachen, auf die unsere enguiry angebracht werden können.
(1921,
Seite 72)

Danach muss jede psychoanalytische inguiry
. Seinen Weg Schritt für Schritt auf dem Weg zum Verständnis der Feinheiten des Geistes, indem sie eine
analytische Zerlegung der beiden normalen und anormalen Erscheinungen. (1923. P. 36)
Aber wegen der Komplexität der Thematik, kann die Psychoanalyse nicht hoffen Guick für Erfolge:
Die außerordentliche Komplexität aller Faktoren, die berücksichtigt werden, bleibt nur
ein Weg, präsentiert sie uns offen. Wir müssen zuerst die eine und dann einen anderen Punkt wählen
Sicht, und folgen Sie es durch das Material, solange die Anwendung scheint es
Ergebnisse ergeben. Jede einzelne Behandlung des Themas wird in sich unvollständig, und
es kann nicht umhin, Unklarheiten, wo es berührt Material, das noch nicht gewesen ist
behandelt wird; aber wir hoffen können, dass eine endgültige Synthese wird zu einem richtigen
Verständnis führen.
(1915b, S.. 157f.)

Die Wahrheit, wenn erreicht wird, wird einfacher:
... Wir haben kein anderes Ziel, sondern dass für die Übersetzung in die Theorie die Ergebnisse der
Beobachtung, und wir leugnen, dass es eine Verpflichtung für uns, bei unserem ersten Versuch, eine gut
zu erreichen - abgerundete Theorie, die sich durch ihre Einfachheit loben wird. Wir werden die
Komplikationen der unsere Theorie so lange, wie wir finden, dass sie die Ergebnisse der Beobachtung
treffen zu verteidigen, und wir werden mit unseren Erwartungen, die am Ende von jenen
Komplikationen, die die Entdeckung einer Situation geführt hätte, die zwar einfach an sich kann für alle
Komplikationen der Realität ausmachen. (1915c, S.. 190)
Freud zeigte somit eine Kapazität zu tolerieren, zusätzlich zu Inkonsequenz und Verzögerung,
erhebliche konzeptionelle Unbestimmtheit oder in der Terminologie der heute Mehrdeutigkeit. Kit ist
wahr, ich, er sei bereit, zuzugeben, war, kthat Begriffe wie der eines Ego - Libido, die eine Energie von

Ich - Instinkte, und so weiter, sind weder besonders leicht zu fassen, noch reich genug in
content.i Trotzdem würde die Psychoanalyse Inhalt selbst mit nebulösen kgladly kaum
denkbaren Grundbegriffe, von denen sie hofft, klarer im Laufe seiner begreifen
Entwicklung, oder die es ist sogar bereit, durch othersi (1914, p. 77) zu ersetzen. Beachten Sie die
Verpflichtung hier angegeben, die deutlich genug von seiner Position hinsichtlich der Definition folgt,

für eine periodische konzeptionelle Bestandsaufnahme; wenn konsequent und nützliche Definitionen nie ausfallen
aus, sollte das Konzept aufgegeben werden. Wie wir gesehen haben, aber solch ein Verfahren der regelmäßigen
Kritik war guite mit Freuds Arbeitsstil und Denken unvereinbar ist und er nur selten
Konzepte verworfen, als er neue hinzugefügt. Es ist ein wenig traurig, aber nicht überraschend, zu finden
dass Instinkte, die im Jahre 1915 (1915A, p. 117f.) waren kat der Moment. . . noch etwas
dunkel, wurden i 1f Jahre später als characteriled kmythical Unternehmen, in ihren herrlichen
indefinitenessi (1933, p. 95).
Vor ein paar Jahren habe ich beschlossen, meine Hand an dieser Wurf Prozess versuchen, die Einnahme einer von
Freuds zentrale, aber tantalilingly krank - definierte Begriffe (die Bindung von Besetzung, siehe Holt, 1962) und nach ihm durch seine Schriften, um zu sehen, welche Art von Definition entstanden. Die Arbeit zu finden, und Zusammen die Kontexte, in denen sie aufgetreten ist, und die 14 verschiedenen educing
Bedeutungen, konnte ich discerneI haben noch andere, da große thenuewas gefunden
genug, um mich realile, dass, wenn Freud hatte sich verpflichtet, seine eigenen Theorien arbeiten über kontinuierlich auf diese Weise, nach ein paar Jahren würde er keine Zeit mehr analyle hatten
Patienten, noch viel weniger etwas Neues zu schreiben. Es ist wahr, ich war in der Lage, zu sichten, eine Kernbedeutung
meine eigene Zufriedenheit, aber es bleibt abzuwarten, ob viele Psychoanalytiker sein werden
davon überzeugt, dass sie die anderen Dolen aufgeben oder so Arten der Nutzung. Mit Freuds
frei - und - einfaches Beispiel für Präzedenzfall, manche finden es einfach, indem Sie den bösen Tag rechtfertigen

wenn Begriffe beginnen zu bestimmten, restriktiven Bedeutungen haben.
Bisher habe ich die wissentlich vorläufigen, unverbindlichen Charakter von Freuds theoriling emphasiled, seine bewusste abschwört jeder Versuch, eine vollständige und kohärent System zu bauen, für Stückwerk Empirismus insteadeguite einen Kontrast zu der Ansicht von Freud als die dogmatische Systematiker wer würde dulden keine Abweichung von einer starren kparty Linie'' von theoryu Doch diese populäre Vorstellung hat ihre Wurzeln in der Tat auch. Für eine Sache, scheint Freud, eine schwank gehabt, nie explizit Reihe von Standards, was Teile der Psychoanalyse erwiesen hatte, die nur er könnte ungestraft zu ändern, und welche Teile waren modifizierbar durch andere. Getreu seinem Grundsatz der Revision agglutinative begrüßte er Ergänzungen, solange sie nicht ausdrücklich auf Überprüfung der Begriffe und Sätze, die gekommen waren, um scheinen grundlegende und notwendige anrufen. So waren Adler Ideen über Organminderwertigkeit und des Willens zur Macht akzeptabel, bis die Schüler begann darauf, dass sie mit der Libidotheorie kollidierte und verlangte dessen drastische Revision.

STYLE Theoretisieren
tuite abgesehen von Freuds Verhältnis zu den Beiträgen der anderen (eine Sache, die ist offensichtlich sehr viel komplizierter als die oben kurze Diskussion vielleicht scheinen bedeuten), gibt es Grundlagen für die Konzeption von Freud als doktrinär Dogmatiker in bestimmten stilistischen Besonderheiten der eigenen theoriling. Lassen Sie mich zunächst summarile und erweitern Sie dann mit
Beispiele. Freud liebte Angabe Dinge kas sozusagen dogmaticallyein der prägnantesten bilden und in der die meisten uneguivocal termsi (1940, S. 144).; tatsächlich war Übertreibung einer seiner
Lieblings rhetorische Mittel. Als er dachte, dass er erblickt ein Naturgesetz, erklärte er

mit herrlichem Universalismus und Allgemeinheit. Er war ebenfalls gern, die sich Konzepte

die Grenze ihrer möglichen Anwendbarkeit, als ob Stretching das Reich der Phänomene, die durch aufgespannt
ein Konzept, wie es war ein abstrakter und nützlich zu machen. Sein Gerät für die Flucht der
Gefahren der Vereinfachung, der dieses Muster belichtet ihm war ein Flach folgen
Aussage mit einer anderen, die sie durch teilweise Widerspruch gualified. Daher kann die
Inkonsistenz in vielen von Freuds Thesen ist nur scheinbar. Er war sehr gut,
bewusst, dass eine Aussage löste anderen, und so verwendet, seguences als eine Möglichkeit der
Vermietung ein
reich komplizierte Konzeption wachsen in den Geist des Lesers als Überlegungen waren
eingeführt eins zu einem Zeitpunkt.
Hier ist also ein Grund, warum Freud ist auf einmal so herrlich leicht zu lesen, und so einfach
falsch zu verstehen, insbesondere, wenn Aussagen aus dem Zusammenhang gerissen. Sein Blick auf
menschliche Verhalten war ungewöhnlich subtil, komplex, und viele - überlagert; wenn er versucht hatte,
um es einrichten
Sätze, die in der parallel Komplexität und hierarchische Struktur, er hätte
Dr. Johnson aus wie Hemingway. Stattdessen schreibt er einfach, direkt, kraftvoll; er
dramatiles von großen Übertreibung, in der sie in harten, schwarzen Konturen, was er als
die grundlegende Wahrheit über eine Sache wie der Leser erste Orientierung. Dann füllt er in den
Schatten;
oder von einem anderen kühn einfachen Strich, zeigt plötzlich, dass auf verschiedenen Formen
angeordnet,
Ebenen. Nach und nach ein drei - dimensionale Realität nimmt Gestalt vor den Augen dessen, der
weiß, wie Freud zu lesen.

Hier ist ein Beispiel einer ersten Flach Anweisung, gefolgt von gualifications:
Die Art und Weise, in der Träume behandeln die Kategorie der Gegensätze und Widersprüche ist höchst
bemerkenswert. Es wird einfach ignoriert. "Nein" scheint nicht so weit wie Träume betroffen sind
vorhanden. (1900, S.. 31f)

Ich habe oben behauptet, dass Träume haben keine Möglichkeit, das Verhältnis von a ausdrücken

Widerspruch, ein Widerspruch oder ein "Nein". Ich werde nun gehen, um eine erste Ablehnung dieser
Behauptung zu geben. vDer Idee hjust umgekehrter "plastisch dargestellt als etwas, drehte sich um, von
seiner üblichen Orientierung.) (S. 326)
... Die hhnot in der Lage, somethingn in diesem Traum zu tun war ein Weg, eine contradictionea hno'e
zum Ausdruck bringen; so dass meine frühere Aussage, dass Träume eine nnon nicht ausdrücken
reguires Korrektur, (S. 337)

(Ein dritter ndenialn erscheint auf Seite 434).

Ein vielleicht noch besser vertraut Kehr generalilation ist die folgende:
--- Psycho-Analyse ist zu Recht misstrauisch. Eine der Regeln ist, dass was auch immer unterbricht die
Fortschritte der analytischen Arbeit ein Widerstand. (1900, S.. 517)
Weniger häufig ist guoted Freuds Fußnote, in dem er dieses statementeso ärgerlich für viele ein
analylanduemore schmackhaft; es
. leicht zu Missverständnissen öffnen. Es ist natürlich nur als technische Vorschrift eingenommen werden,

als Warnung für Analysten. Es kann nicht bestritten werden, dass im Zuge einer Analyse verschiedener Ereignisse können die Verantwortung für die nicht auf den Patienten gelegt werden auftreten Absichten. Sein Vater kann, ohne daß er ihn ermordet sterben; oder ein Krieg kann brechen aus denen bringt die Analyse beendet. Aber hinter seiner offensichtlichen Übertreibung der Vorschlag ist etwas wahr und neue zu behaupten. Selbst wenn die Unterbrechungsereignis eine reale und unabhängig von den Patienten, ist es oft von ihm abhängt, wie groß ein Unterbrechung es verursacht; und Widerstand zeigt sich unverkennbar in der Bereitschaft mit die er akzeptiert ein Vorkommen dieser Art oder die übertriebene Verwendung, die er macht von es. (Hervorhebung hinzugefügt)
All zu oft (und leider schwer zu veranschaulichen, guotation), die Erweichung Anweisung nach der ersten overgeneralilation nicht explizit erwähnt, kann nicht folgen sehr bald, oder ist nicht offensichtlich zusammen. Für Freud war dies aber eine bewusste Strategie des wissenschaftlichen Fortschritts; die Transformationen der wissenschaftlichen Meinung sind Entwicklungen,

nicht Revolutionen. Ein Gesetz, das auf den ersten gehalten wurde allgemein gültig zu sein, erweist sich als Spezialfall einer umfassen Einheitlichkeit zu sein, oder wird von einem anderen Gesetz, nicht erst später entdeckt, beschränkt; eine grobe Annäherung an die Wahrheit wird durch eine weitere sorgfältig angepasst ein, die wiederum erwartet weitere Perfektionierung (vgl. 1927, S.. 55) ersetzt.
Viele Beispiele von Aussagen mit Feststrieben formuliert, kann leicht zitiert.
Auf der Basis unserer Analyse des Ich kann es nicht, dass in Fällen von Manie Ich und Ich-Ideal miteinander verschmolzen haben bezweifelt werden. (1921, S.. 132)

. . . Hysterie. . . ist nur mit verdrängter Sexualität des Patienten betroffen. (1906, S.. 27f)
. Niemand kann daran zweifeln, dass der Hypnotiseur in die Stelle des Ich-Ideal verstärkt. (1921, S.. 114)
Es ist sicher, dass viel von dem Ich selbst unbewusst, und vor allem, was wir als Kern zu beschreiben; nur ein kleiner Teil davon wird durch den Begriff kpreconscious.i abgedeckt (1920 p. 19)

Strachey fügt die folgenden Informationen eher amüsant Fußnote zu der oben zitierten Passage:
In seiner jetzigen Form ist dieser Satz stammt aus dem Jahr 1921. In der ersten Ausgabe (1920) lief es:
Kit kann sein, dass viel von dem Ich selbst bewusstlos; nur ein Teil davon, wahrscheinlich durch den Begriff hpreconscious 'abgedeckt. i

In diesem Fall dauerte es nur ein Jahr für eine vorsichtige Wahrscheinlichkeit zur Gewissheit geworden. In anderen Fällen dauert Übertreibung der Form der Behauptung einer zugrunde liegenden Einheit, wo nur eine Korrelation festgestellt:
Alle diese drei Arten von Regressions ptopographical, zeitlichen und formalq sind jedoch eine an Boden und gemeinsam auftreten in der Regel; für das, was in der Zeit älter ist primitiver in der Form und in psychischen Topographie liegt näher an der Wahrnehmungs Ende. (1900, S.. 54f)

Allzu oft nimmt die Kehr Formulierung in Form einer Erklärung, dass so etwas wie der Ödipus-Komplex ist universell. Ich glaube, dass Freud war weniger daran interessiert, eine empirische generalilation aus seinem begrenzten Daten als in tastend auf diese Weise für ein Grundgesetz der Natur. Als Jones summariles den Brief vom 15. Oktober 1f97, an Fließ,
Er hatte in sich die Leidenschaft für seine Mutter und die Eifersucht des Vaters entdeckt; er war sich sicher, dass dies eine allgemeine menschliche Eigenschaft, und dass von ihr konnte man die starke Wirkung des Ödipus-Sage zu verstehen. (Jones, 1953, p. 326)

Auch vier Jahre später, generaliled er universell von seinem eigenen Fall:
Es läuft so durch meine Gedanken ein kontinuierlicher Strom von "persönlichen Bezug", der
die ich haben in der Regel keine Ahnung, aber die sich durch solchen Fällen meiner verrät
Vergessen Namen. Es ist, als ob ich verpflichtet, alles, was ich hören von anderen vergleichen
Menschen mit mir selbst; als ob meine persönliche Komplexe wurden in Alarmbereitschaft versetzt, wenn
eine andere Person zu meiner Kenntnis gebracht. Dies kann ein einzelner nicht sein
Besonderheit Eigene: es muß vielmehr eine Anzeige der Art enthalten, in denen wir
verstehen, andere als uns selbst ksomething" im Allgemeinen. Ich habe Gründe für die Annahme,
dass andere Menschen sind in dieser Hinsicht sehr ähnlich zu mir. (1901, p. 24)
Um der zeitgenössischen Psychologen geschult, vorsichtig zu sein in generaliling von kleinen
Proben, so scheint es verwegen bis zur Tollkühnheit, von Selbst springen - Beobachtung ein
allgemeinen Gesetzen verantwortlich. Aber Freud wurde durch die Tatsache, dass er mit lebenswichtigen
Umgang ermutigt
Themen:
Ich fühle eine grundlegende Abneigung gegen Ihren Vorschlag, dass meine Schlussfolgerungen pabout
die
sexuelle Ätiologie der neurosisq richtig sind, sondern nur für bestimmte Fälle. . . Das ist nicht sehr
möglich. Ganz oder gar nicht. Sie sind mit so grundlegenden Dingen betroffenen
dass sie nicht für eine Gruppe von nur Fällen. . . . Es ist nur unsere Art oder auch
gar nichts bekannt ist. Ein lieb müssen Sie der gleichen Meinung sein. So, jetzt habe ich
gestand alle meine fanaticismu (Brief an Jung, 19. April 1909. Jones, 1955, S. 439)

Denken Sie daran, auch die Tatsache, dass Freuds erste wissenschaftliche Anstrengungen deutlich die
Erfindung der Statistik, Stichprobentheorie, oder experimentelles Design zurückdatiert. In seinen frühen
Tagen, als er am sichersten in seiner Rolle als Wissenschaftler war, Freud studierte Neuroanatomie am
Mikroskop, und wie sein Lehrer und Kollegen respektiert, frei und automatisch generaliling aus Proben
von OneU
Dann auch, daran erinnern, dass Freud war der Verkünder des Prinzips der ausnahmslosen
Determinismus in der Psychologie: Alle Aspekte des Verhaltens rechtmäßig waren, glaubte er, was es
gemacht
einfach für ihn, (a) die universelle Anwendbarkeit der abstrakten Gesetze und Konzepte mit zu verwirren
(B) die universelle Auftreten von empirisch beobachtbare Verhaltens seguences.
Schließlich sind wir so auf die Prüfung Freud eine kpersonality Theoretiker", dass wir vergessen, wie
wenig Interesse er in individuelle Unterschiede, wie gegen allgemeine Grundsätze verwendet wurde. Er
schrieb einmal zu Abraham:
kPersonality". . . ist eine eher unbestimmte Ausdruck aus der Psychologie Oberfläche genommen und es
braucht nicht viel, um unser Verständnis der realen Prozesse beitragen, dh metapsychologisch. (Jones,
1955 tuoted, p. 43f)
Trotz der Tatsache, dass er schrieb große Fallgeschichten, verwendet er sie, seine abstrakten
Formulierungen veranschaulichen, und hatte keine Überzeugung über den wissenschaftlichen Wert oder
Interesse des einzigen Fall, außer als eine mögliche Quelle für neue Ideen.
Die Neigung, pauschal generalile kann auch in Freuds Tendenz zu sehen
dehnen die Grenzen seiner Konzepte. Die beste - bekannt, bekannteste Beispiel nicht zu sagen, ist
dass der Sexualität. In seiner frühesten Arbeiten, die ksexual Ätiologie der Neurose" gemeint wörtliche
Verführung, immer, die die Stimulation der Genitalien. Vielmehr quickly, in der Drei-

Essays, das Konzept wurde erweitert, zunächst um alle kpartial Laufwerke umfassen, i basiert auf der
oral, anal, und phallisch - Harnröhren erogenen Lones, plus das Auge (für Voyeurismus und

Exhibitionismus). Aber wie er fand, Fälle, in denen andere Teile des Körpers schien, um die Funktion der Geschlechtsorgane dienen, Freud erweitert das Konzept der erogenen einsamer um den Vorschlag, dass alle Teile der Haut sind, sowie alle die empfindlichen inneren Organe, begründen könnten sexuelle Anregung. Ferner Kall vergleichsweise intensive affektive Prozesse, einschließlich sogar erschreckend diejenigen, Graben auf sexualityi (1905b, S. 203).; und schließlich:
Es kann gut sein, daß nichts von erheblicher Bedeutung im Organismus auftreten, ohne einen Beitrag einige Komponenten auf die Anregung des Geschlechtstriebes, (S. 205)
Ein ähnlicher Prozess scheint auf in Freuds Verwischung der Unterschiede zwischen der gegangen verschiedenen Ichtriebe, und das zwischen Ich Instinkte und narzisstische Libido, das war schließlich alles von seiner Zusammenstellung in der Vorstellung von Eros, dem Lebenstrieb gelöst.

METHODE DER ARBEIT
Nachdem bisher einige der allgemeinen Eigenschaften von Freuds Denken erhoben und seine Art des wissenschaftliche theoriling, lassen Sie uns nun fragen, wie er mit seiner Daten. Bisher haben wir gesehen, nur
dass er betonte, Beobachtung als primäre Instrument der wissenschaftlichen Empirie. Seine wichtig, geduldig, lassen Sie uns daran erinnern, war selbst. In seiner Selbst - Analyse (insbesondere während
der verstorbene 1f90 die), machte er seine grundlegenden Entdeckungen: Die Bedeutung der Träume, der Ödipus
Komplex, Sexualität Kindheit, und so weiter. Diese Tatsache sollte uns von seinem Geschenk für sich selbst daran zu erinnern -
Beobachtung. Es war natürlich das Alter der Selbstbeobachtung geschult als wissenschaftliche Methode der
akademischen Psychologen; aber das war etwas anderes. Freuds Selbst --- Beobachtung war der diese Art nennen wir psychologisch - Gesinnten; er nicht Phänomenologe, neugierig auf das war

Roh Gegebenheiten der Erfahrung oder Interesse an analyling die Daten des Bewusstseins in ihrer Unmittelbarkeit kpresentational" (Whitehead). Selbst wenn man nach innen, versuchte er, die Oberfläche, was er dort gefunden zu durchdringen, nach Ursachen in Bezug auf Wünsche aussehen, Affekte, Hoffnungen, Fantasien und die Reste der Kindheit emotionale Erfahrungen. Überlegen Sie, wie wenig man jemals von solchen Dingen von Wundt oder Titchener gehört, und es wird deutlich, dass Freuds kognitiven Stil spielte in seinem unique Verwendung eines gemeinsamen Instruments. Beobachtung, wenn zu seinen anderen Patienten angewendet wird, soll vor allem die Nutzung von freier Verein. Der Patient wurde aufgefordert, alles über sich zu berichten, ohne Zensur, so dass der Analytiker könnte direkt beobachten den Kampf, um dieser Richtlinie scheinbar einfache reguest, und beobachten Sie indirekt die breiteste Palette von wichtigen Lebens Erfahrungen wie berichtet. Aber diese therapeutisch bedeutsame Tatsachen, und die noch mehr wichtige Manifestationen der Übertragung, die in der tatsächlichen zwischen entwickelt Situation der Behandlung wurden in der Regel in einem Heuhaufen von Kleinigkeiten begraben. Freud entsprechend musste sich in einer hochselektiven Instrument zu entwickeln, die gleichzeitig Es war so viel wie möglich frei von Vorurteilen. Die Lösung verabschiedet er, dass einer kevenly - schwebende Aufmerksamkeit" (1912a, S.. 111), in seiner scheinbaren unselectiveness der Haltung abgestimmt
aufgefordert, auf dem frei assoziieren Patienten; sowohl bestätigte die Theorie, dass der Prozess der Aussetzung der konventionellen Normen der bewussten Entscheidung würde unbewussten Kräfte lassen leiten die Produktion und den Empfang der Daten. Nur ein Mann mit einem Grundvertrauen in die Tiefen seines eigenen Wesens bereit wäre, seine bewusste Intelligenz teilweise vermietet gewesen sin Abdankung in dieser Weise.

Die Haupttätigkeit des Analytikers, Freud angegeben, wurde mit Interpretationen des

Produktionen Patienten. In einer Weise, diese bilden eine erste Stufe der conceptualilation (das heißt, eine erste Verarbeitung der Daten) sowie einen Eingriff, der berechnet wurde, zu erzeugen und weiter verändert Material aus dem Patienten. In der späteren Verarbeitung der akkumulierten Daten in einem Fall, und zwar von anderen Arten von Daten, spielt eine entscheidende Rolle Interpretation; in mancher Hinsicht ist es, was gibt die Psychoanalyse seine unique Charakter als eine Art der inguiry in menschlichen Verhaltens. Ob Freud bot die Interpretation des Patienten oder lediglich verwendet, es in seiner Formulierung der wesentlichen Merkmale der Fall ist, dauerte es oft die genetische Form einer historischen Rekonstruktion der seguences kritischer Ereignisse in der Vergangenheit des Patienten. Hier sehen wir ein charakteristisches Merkmal von Freuds Denken: die Verwendung von historischen (und nicht ahistorisch) Kausalität. Seit Kurt Lewin hat die Mode in der Psychologie sehr für ahistorisch Kausalität gewesen, obwohl die historische Form wurde vor kurzem kräftig in einem sehr anspruchsvolle Art und Weise (Culbertson, 1963) argumentiert.

Wie Freud verwendet Interpretation im engeren Sinne, es war im Wesentlichen ein Prozess der Übersetzung, in der Bedeutungen im Verhalten und in den Worten des Patienten wurden durch eine ersetzt
kleinere Gruppe von anderen Bedeutungen nach mehr oder weniger festlegbaren Regeln (Holt, 1961). Aber
Diese Regeln waren lose und eigenartige, für sie die Annahme eingearbeitet, dass die Patienten Kommunikations war mit einem Satz von (weitgehend defensive) Verzerrungen nach zogen wurde die irrationale Primärprozess. Des Analytikers Arbeit war es daher, die Verzerrungen umkehren bei der Decodierung Produktionen des Patienten, um die Natur seiner unbewussten erkennen Konflikte und seine Modi kämpfen mit ihnen. Es ist somit ein Verfahren zur Entdeckung. Mit der geringfügigen Ausnahme einer Anzahl von wiederkehrenden Symbole können die Regeln für die Decodierung sein
nur in allgemeiner Form angegeben, und ein großer Teil wird an der Analytiker kreativen Einsatz seiner eigenen linken
Primärprozess.

Interpretation ist daher offensichtlich schwierig zu bedienen und leicht zu missbrauchen, wie Freud wusste ganz genau. Eines seiner Lieblings Kritik an ehemalige Dissident Anhänger war, dass ihre Interpretationen willkürlichen oder weit hergeholt.
Was also waren seine Kriterien für die Unterscheidung von tiefen und aufschluss lediglich angespannt und Fern interpretationss Die meisten ausführliche Gespräche, die ich von gefunden Diese guestion zurück bis in die Mitte 1f90 Jahren, als Freud seine Theorie, dass die Verteidigung Neurose wurde von der verdrängten Trauma der tatsächliche sexuelle Verführung in der Kindheit verusacht. Er gab
eine Reihe von Kriterien, wie die Art und Menge der zu beeinträchtigen und Widerstand gezeigt, durch die er
überzeugte sich, dass die Interpretationen (oder historische Bauten), die er bot seine Patienten in dieser Richtung waren gültig und für die Annahme, die Berichte, dass einige von ihnen zunächst stimuliert ihn Essay dieser Ansatz. Doch wie wir wissen, keine von denen vermutet Schutzmaßnahmen ausreichend war; Freud schließlich beschlossen, die krecollectionsi als Phantasien abzulehnen. Zu
dieser Tag, Festlegung von Kriterien für die Bewertung Interpretationen bleibt einer der wichtigsten ungelöste methodische Probleme in allen Schulen der Psychoanalyse.

METHODE beweisen POINTS (Verifikation)
Sobald er seine Interpretationen und genetische Erklärungen seiner verschiedenen Arten von Daten zu seiner eigenen Zufriedenheit gemacht hatte, hatte Freud seine Haupthypothesengebildet . Nun zu beweisen, sie setzen er. Betrachten wir die Wege, die er versucht, seine Punkte durch Marshalling seine Erkenntnisse und seine Argumente zu etablieren.
Überraschenderweise er häufig verwendet, was ist im Wesentlichen statistische Argumentation , um seine Punkte zu machen. Es stimmt, es dauert in der Regel die einfache Form der Sicherung der Leser, dass er das Phänomen in question wiederholt gesehen :

Wenn es ein question von nur einem Fall wie der von meinem Patienten wäre, würde man es zucken beiseite. Niemand würde zu errichten auf einer einzigen Beobachtung ein Glaube, der unter eine so entscheidende Linie bedeutet träumen. Aber Sie müssen mir glauben, wenn ich Ihnen versichern, dass dies nicht der einzige Fall, in meiner Erfahrung. (1933 , S. . 42)
Viele Psychologen scheinen den Eindruck, dass Freud frequently basiert Haupt haben Aussagen über Einzelfälle ; aber ich habe gesucht sorgfältig alle seine großen Fallgeschichten für Instanzen und haben festgestellt, none.5 Er schrieb schon im Fall von Dora, kA Einzelfall kann nie in der Lage, ein Theorem beweisen, so allgemein wie diese onei (1905c , S. . 115) sein . in seiner frühesten psychoanalytischen Papiere, Freud immer wieder quoted Statistiken wie die Folgendes:
. meine Behauptung . . . wird durch die Tatsache , dass in einigen Fällen von Hysterie achtzehn war ich in der Lage, diese Verbindung in jedem einzelnen Symptom zu entdecken, und , sofern es die Umstände erlaubt, die ihm von den therapeutischen Erfolg zu bestätigen unterstützt. Kein Zweifel, Sie können einwenden , dass der neunzehnten oder zwanzigsten Analyse wird vielleicht zeigen, dass die hysterischen Symptome sind aus anderen Quellen als auch, und damit die universelle Gültigkeit der sexuellen Ätiologie einer der achtzig Prozent zu reduzieren. Mit allen Mitteln lassen Sie uns abwarten und sehen ; aber , da diese achtzehn Fälle sind in der gleichen Zeit alle Fälle , auf dem ich war für die Durchführung der Arbeit der Analyse der Lage und , da sie nicht von jedermann für meine Bequemlichkeit abgeholt , werden Sie finden es verständlich, dass ich nicht teile solche Erwartung aber ich bin bereit, meine Überzeugung, lassen vor der Beweiskraft der Beobachtungen , die ich bisher gemacht laufen . (1f96 , p . 199f .)
Boring (1954) hat darauf hingewiesen, dass in einer solchen Anwendung von statistischen Überlegungen wie diese , Freud
nicht über Mills Methode der Vereinbarung, die seine elementarsten und dest voran vertrauenswürdig Kanon der Induktion. In der Papier Ich habe gerade quoted , als Freud die Möglichkeit der Verwendung der Essenz der Mühle empfohlen gemeinsame Methode der Vereinbarung und

5 Siehe oben, jedoch für Beispiele von frei sein von Selbst generaliling - Beobachtung. Offenbar ist die Natur aus zwingenden Natur der introspektive Daten überschrieb seine allgemeine Vorsicht.

Meinungsverschiedenheit. Man wird einwenden, , sagt er, dass viele Kinder verführt werden , aber nicht hysterisch werden , die er ermöglicht, um wahr zu sein, ohne dabei seine Argumentation ; denn er vergleicht Verführung auf die Ubiquitous Tuberkelbazillus , die bei weitem mehr Menschen als gefunden schlecht von tuberculosisi zu fallen (S. 209) kinhaled wird , aber der Bazillus ist die spezifische Determinante der diseaseseits notwendige, aber nicht hinreichende Ursache . Er betrachtet die Möglichkeit, dass es Patienten, die nicht hysterisch Verführung unterzogen haben , aber es guickly entlassen ; solchen Fällen soll nicht psychoanalyled worden, so dass der Vorwurf nicht nachgewiesen worden sei . Am Ende, daher argumentiert Freud einfach seinen Weg aus der Notwendigkeit, jede aber

seine eigenen positiven Fälle betrachten, und war damit nicht möglich, statistische Argumentation in keiner zwingenden oder Zwangs Weise zu nutzen.
In der Tat , Referenzen in seinen Papieren , die Zahl der behandelten Fälle brach fast vollständig nach 1900 ; stattdessen findet man zuversichtlich guasi - guantitative Ansprüche dieser Art : kThis Entdeckung, die einfach zu machen und konnte so oft bestätigt werden , wie man möchte . . . i (1906 , S. 272). , oder so schwere Ermahnungen wie folgt aus:
Die Lehren der Psychoanalyse werden auf unabsehbare Zahl von Beobachtungen
und Erfahrungen und nur jemand, der diese Beobachtungen an sich selbst wiederholt,
und andere in der Lage, bei einer Beurteilung der eigenen darauf ankommen . (1940 , S. . 144)
In der langen guotation von knapp über 1f96 , beachten Sie den Eintrag eines anderen Merkmals Argumentationsweise oft von Freud : Die Theorie wird durch seine therapeutischen Erfolge erwiesen.
Manchmal ist es mit dem, was wir gesehen haben , um charakteristische Übertreibung sein, erklärte:
Die Tatsache, dass in der technigue der Psycho - Analyse ein Mittel ist gefunden worden, durch die die Gegenkraft pof Gegenbesetzung in repressionq kann entfernt werden und die Ideen in guestion bewusst gemacht macht diese Theorie unwiderlegbar. (1923 , S. . 14)

Ich könnte viele Passagen, in denen die gleichen allgemeinen Art der Argumentation gemacht wird guote :
Freud nennt als kproofi oder als kconfirmationi einer Reihe von Umständen, die nicht dazu dienen erhöhen die Wahrscheinlichkeit, dass die Aussage gemacht ist wahr, aber nicht festnageln es nach unten in eine
rigorose Weise . Die ultimative Beweismittel, für Freud , war die einfache hinweis ein :
Uns wird gesagt , dass die Stadt Konstanz liegt am Bodensee. Ein Student Song fügt hinzu: kif Sie glauben es nicht , gehen und sehen, " ich zufällig dort gewesen sein und kann die Tatsache, r (1927 , S. 25). Bestätigen.
In vielen Orten , angewendet Freud dieses Grundprinzip der Realitätsprüfung zu psychoanalysise wenn Sie nicht glauben , gehen Sie und sehen Sie selbst ; und solange Sie wurde analyled haben und vorzugsweise auch ausgebildet wurden zur Durchführung von Psychoanalysen von anderen sich selbst, haben Sie keine Grundlage , skeptisch zu sein .
Freud sah nicht, dass die Verkünder einer Behauptung auf sich nimmt, die Beweislast für sie . Es ist zweifelhaft , dass er jemals von der Nullhypothese zu hören ; sicherlich hatte er keine Vorstellung von der hoch entwickelten Methodik, die dieser seltsame Begriff konnotiert . An mehreren Stellen er , wie es war, guite unschuldig zeigt seine Unwissenheit , dass für die empirische Aussagen ernst genommen werden , sollten sie prinzipiell widerlegbar sein . Zum Beispiel muss nach behaupten, dass ka Wunsch, der in einem Traum vertreten ist eine infantile sein , i (. 1900 , S. 553 , Hervorhebung ist Freuds) , bemerkt er :
Ich bin mir bewusst , dass diese Behauptung nicht bewiesen universell zu halten ; aber es kann nachgewiesen werden , um frequently auch in ungeahnte Fälle halten , und es kann nicht als allgemeine Aussage widersprochen. (1900 , S. . 554)
Zumindest in diesem Durchgang zeigte er die realilation , die eine universelle Aussage nicht bewiesen werden kann ; später war er noch ein anderes solches beziehen

Regel in der Traumdeutung festgesetzt. . . Pasq seit über all bestätigt
Zweifel , dass Worte und Reden im Traum - Inhalte sind nicht frisch ist. . . (1917 ,
Seite 22f)
Es stimmt, jede neue Instanz von einer behaupteten allgemeinen Satz hat seine Glaubwürdigkeit stärken und die Wahrscheinlichkeit, dass sie vertrauenswürdig ist . Wenn wir daran denken, dass nichts mehr in der psychoanalytischen schriftlich Ansprüche Beweis gemeint ist, werden wir uns auf relativ sicheren Boden sein.

Freud hat in der Regel nicht zu schreiben , als ob er mit der Unterscheidung zwischen bildenden Hypothesen und testen sie vertraut waren . Doch war er bewusst zu sein , und manchmal war bescheiden genug über die Sondierungs Natur seiner Arbeit :
So hat diese Ansicht durch Anregung angekommen ist; und wenn von einer Folgerung dieser Art ein geführt , um nicht zu einer vertrauten Region, sondern im Gegenteil, um eine, die fremd und neu ist ein Denken , das einen Rückschluss khypothesisi ruft ein und weigert sich, das zu Recht betrachten Beziehung der Hypothese mit dem Material , aus dem es als kproofi davon abgeleitet . es kann nur als kprovedi angesehen, wenn es von einem anderen Weg, sowie pN.B. erreicht ist : Quer - validationuq und wenn nachgewiesen werden kann , um den Knotenpunkt noch andere Verbindungen sein werden.
(1905a , S. . 177f .)
Indem sie eine allgemeine Sammlung , wenn ich auf Fälle, in denen er zog Schlussfolgerungen ausdrücklich und durch eine sorgfältige Prüfung aller seiner Argumente kam : Ich habe Methoden der Anordnungs seine Daten und Argumentation über sie bei dem Versuch, seine Punkte auf zwei Arten beweisen Freuds sucht der Begriff der psychische bewusstlos in zwei seiner wichtigsten Papiere, kA Hinweis auf unbewussten in Psychoanalysisi (1912b) und kThe Unconsciousi (1915c) . Es wäre mühsam und zeit - aufwendig zu meinen Analysen seiner Arten Argument zu dokumentieren; Ich werde nur meine Schlussfolgerung zu geben .

Es ist einfach guite , dass Freud nur selten etwas bewiesen in einem strengen Sinne des Wortes .

Er hat selten ausgesetzt Hypothesen auf die Art der Quer - validational überprüfen, dass er im letzten Durchgang guoted befürwortet. Er wird oft überzeugend , fast nie so zwingend . Er war bereit, Geräte guite er abschätzig sprach in seiner scharfen critigues der Argumentation seiner Gegner verwendet verwenden : die maßgebliche Diktum , betteln die guestion , Argumente analog , und zieht sich in der Diskussion der kmatters , die von den Problemen der so weit entfernt sind unsere Beobachtung , und von denen wir so wenig cognilance , dass es als müßig zu bestreiten ist . . . um sie affirmi (1914 , S. . 79) . Eigentlich, was Freud tut, ist die Nutzung aller Ressourcen der Rhetorik zu machen. Er sichert eine allgemeine Aussage von einem erzählt Beispiel, in dem es klar ist operative ; baut er plausibel Ketten von Ursache und Wirkung (nach dem Prinzip der post hoc ergo propter hoc) argumentiert er, erst recht ; und er nutzt enthymemes , begründete Schlussfolgerungen zu ziehen. Ein Enthymem entspricht in der Rhetorik auf den Syllogismus in logic.6 In ihm eine Prämisse ist oft , aber nicht unbedingt unterdrückt werden, um im Gegensatz zu dem Schluß , ein Verfahren der Gründung wahrscheinlich nicht exakt oder absolute Wahrheit ist es .
Außerdem versucht er, unsere Vereinbarung mit einem entwaffnenden Direktheit persönlichen Adressbuch zu gewinnen,
und durch die Intensivierung in die Rolle des Gegners zu schwer Argumente gegen sich selbst zu erhöhen,
, nach der seine Punkte in Widerlegung scheinen umso mehr erzählen. Sein Schreiben ist lebendig mit Metapher und Personifikation , mit Geistesblitze , poetische Flüge zu ausgedehnten Analogien oder Gleichnisse , und viele andere Geräte , um eine konsequent abstrakten Ebene des Diskurses zu vermeiden.
Wenn die Argumentation in einer Reihe seiner enthymemes in kThe Unconsciousi ist

6 Beispiele finden Sie die Passagen aus guoted Freud (1901, S. . 45 oben , und der nächste Durchgang guoted , auf Seite 46) . oben .

sorgfältig expliziert , ist es überraschend schwach und beinhaltet mehrere nicht Ungereimtheiten . In seinen Versuchen, andere zu widerlegen, er freguently nutzten die rhetorische Mittel der Herstellung des anderen Argument unwahrscheinlich, unter Berufung auf seine Unglaubwürdigkeit den gesunden Menschenverstand und Alltagsbeobachtungangezeigt.

In erster Linie , pRankq er davon aus, dass das Kind hat bestimmte Sinnes erhalten Eindrücke , insbesondere einer visuellen Art , die zum Zeitpunkt der Geburt, die Erneuerung von denen kann

erinnern , um den Speicher das Trauma der Geburt und so evozieren eine Reaktion der Angst. dies Annahme ist guite unbegründet und äußerst unwahrscheinlich. Es ist nicht glaubwürdig , dass ein Kind jedoch sollte jede taktile Empfindungen und allgemein in Bezug auf den Prozess der Geburt erhalten. (1926a , S. . 135)

VERWENDUNG Rede

Denn ich habe ein besonderes Interesse an Redefiguren , zahlte ich besonders auf die Art und Weise Freud dieses rhetorische Mittel . Die Redaktion der Standard Edition sind unter der Überschrift kAnalogies.i Picking zwei Bände mehr oder weniger nach dem Zufallsprinzip (Wii und WIV) die Aufgabe relativ um Indexeinträge leicht gemacht , für jedes Volume , schaute ich auf die 31 Analogien so indiziert und versucht in welcher Weise Freud beschäftigt sie sehen.

Wie ein Professor der Rhetorik (genung , 1900) gesagt hat, kThe Wert sowohl als Beispiel und der Analogie ist doch eher illustrativ als argumentative ; sie in Wirklichkeit sind Instrumente der Exposition , beschäftigt das Thema so klar zu machen. . . daß die Menschen die Wahrheit oder Irrtum sehen

davon für themselves.i In den meisten Fällen wird in diesen beiden Volumina Freud Analogien kinstruments der Exposition , inklusive i nach einem Streit war vollständig in seine erklärte eigenen Bedingungen , zu lebendig, visualilable Konkret hinzuzufügen ; einige von ihnen sind kleine Scherze , indem ein

Berühren von Comic Relief zu belasten, den Leser zu erleichtern. In Zeiten, aber die Analogie bewegt in den Mainstream des Arguments und serviert eine direk rhetorischen Zwecke ; dies ist

wahr, überraschend genug , ein gutes Geschäft häufiger in Vol . WIV , die die strengen enthält metapsychologischen Papiere, als in Vol . Wii , vor allem auf den Fall Schreber und widmete die Papiere auf technique . Es stellt sich jedoch heraus, dass die argumentative Verwendung von Analogie tritt

weitgehend in den polemischen Passagen, in denen Freud versucht, die Hauptwiderlegen Argumente, mit denen Jung und Adler durchtrennt ihre Verbindungen zu klassischen Psychoanalyse ; meist ,

es die Form von Spott, eine Form der Diskreditierung einen Gegner , indem er seine Argumentation nimmt

lächerlich erscheinen eher als Treffen sie auf seinem eigenen Grundstück . Es ist nicht schwer zu verstehen

wie wütend Freud müssen an den Glaubensabfall in rascher Folge von zwei seiner gefühlt haben begabten und vielversprechende Anhänger , so dass starke Einfluss hatte seine übliche Wirkung zum Abbau der

Ebene der Argumentation .

Freud Analogien in zwei anderen Arten von Möglichkeiten, in den metapsychologischen Papiere, jedoch . In einigen Fällen scheint der Analogie , um die Rolle eines Modells gespielt haben . Das heißt, , als er schrieb , dass kThe Komplex von Melancholie verhält sich wie eine offene Wunde , Zeichnung sich. . hanticathexes . . . aus allen Richtungen , und das Leeren des Ego bis es völlig verarmten " (1917 , p . 253) , ein Bild, das er in einem unveröffentlichten benutzt hatte, belebte er Entwurf , geschrieben und vor 20 Jahren an Fließ gesendet (1ff7 - 1902 , S. 107f .). ; darüber hinaus war er

verwenden Sie es wieder fünf Jahre später in der Theorie der traumatischen Neurose (1920 , p . 30.) .
interessant
genug , in keine dieser Versionen hat Freud explizit sagen , was es über eine Wunde, die
macht es zu einem nützlichen analog. Offensichtlich ist jedoch im Sinn hatte er die Art und Weise , die Leukozyten
versammeln sich um den Rand eines physischen Verletzung, einer medizinischen Abwehrmechanismus ,
dass der Mai
gut sein, ein Haupt Vorfahren des Konzepts der psychischen Abwehrmechanismen . Sicherlich ist es gebildet
ein wichtiges Muster von Freuds Gedanken , eine, die direkt die Art von Einfluss
psychologischen Konstrukte er aufgerufen, und einige von dem, was er mit ihnen gemacht haben.

Die andere Verwendung eines erweiterten Sprachfigur nicht eine Analogie im strengen beschäftigen
Sinn und so ist nicht indiziert . (In der Tat , die große Mehrheit der Freuds Analogien werden nicht
indiziert ;
nur die langwierigen diejenigen, die epischen Gleichnisse ähneln. Aber der Text ist so dicht mit Tropen der
einen oder anderen Art , dass eine vollständige Index wäre unpraktisch enorm sein.) Ich bin
Bezug auf ein Beispiel eines charakteristischen Freudschen Gerät , das kscientific Mythos , wie er i
rief das Beste - bekannt beispielsweise die Legende von der Urhorde . In der Nähe der Anfang
kInstincts und ihre Vicissitudesi (1915A) nach Prüfung der Antriebskonzept guite
abstrakt vom Standpunkt der Physiologie und in Bezug auf das Konzept der kstimulus , plötzlich sagt er i
:
Wir wollen uns in der Situation einer fast völlig hilflos lebenden Organismus vorstellen ,
Noch in der Welt, die empfängt Impulse im Nervensubstanz(S. Ungerichtete
119)
Was für eine Festnahme imageu Und beachten Sie , dass dies nicht nur herkömmliche Redensart ,
in denen der Mensch Punkt für Punkt zu einem hypothetischen ursprünglichen Organismus verglichen. Stattdessen
hier werden wir eine Einladung zu Identifikation. Freud ermutigt uns, anthropomorphile ,
vorzustellen, wie es wäre, wenn wir als Erwachsene und denkende Menschen waren in der hilflos und
exponierten Lage geht er auf so anschaulich zu skizzieren. Es scheint natürlich daher, wenn er
leicht Attribute zu dem kleinen Tierchen nicht nur Selbstbewusstsein, sondern - awarenessean
schreiben wir realile , auf nüchterner Betrachtung ein uniguely Mensch und ziemlich anspruchsvoll sein
Leistung. Seine einleitende Satz aber lädt uns sofort zu Unglauben und
absehen, die üblichen Regeln des wissenschaftlichen Denkens . Es ist wie ein Kind klet so tun "; sie führt
uns zu
erwarten , dass dies nicht so sehr ein Weg schob Argument als eine vorübergehende
anschaulichen Exkurs ; wie seine üblichen Analogien , eine bildliche Urlaub von der Fest theoretischen

denken . Wir bald entdecken, dass er verwendet diese Aussetzung der Regeln als eine Möglichkeit, so
dass sich eine Freiheit und Flüssigkeit des Denkens , die sonst nicht akzeptabel wäre . Und doch danach
fährt er fort , als ob der Punkt war in einem strengen Weise bewiesen.
Die Vorstellung von einem völlig schutzlos Organismus schwimmen in einem Meer von gefährlichen
Energien war ein weiteres wiederkehrende Bild, das einen tiefen Eindruck auf gemacht haben scheint
Freud. Es spielt eine noch größere Rolle in der Entwicklung seiner Argumentation in Beyond the
Lustprinzip , obwohl es in einer etwas nüchterner Weise eingeführt wird (klet uns ein Bild
lebenden Organismus in seiner vereinfachten Form möglich als undifferenzierte Vesikel ein
Substanz, die anfällig für stimulationi ist ; 1920 p . 26) . Doch er ist nicht explizit präsentieren

es als eine Hypothese über die Natur der ersten lebenden Organismus ; in der Tat wird es niemals guite klar , welche Art von existentiellen Status dieses kvesiclei hat . Freud geht mit einigen Exkurse zu der Annahme , dass der Organismus würde durch die kmost leistungsstarke energiesi getötet werden

es umgibt , wenn sie ungeschützt geblieben ist, und dass die Koch der äußeren Schicht gebildet eine Kruste, die geschützt , was darunter lag . Plötzlich Freud nimmt einen mächtigen Sprung von dieser Original , teilweise beschädigt lebenden Zelle : KIN hoch entwickelten Organismen die kortikalen rezeptiven

Schicht des ersteren Vesikel seit langem in die Tiefe des Innenraums der zurückgezogen Körper , obwohl Teile davon wurden auf der Oberfläche zurück unmittelbar unter der linken Seite allgemeine Schutzschild gegen stimulii (S. 27f .) . Implizit er angenommen hat , dass seine einzelligen Adam war fruchtbar und hat die Erde bevölkerten , immer vorbei an der Original Schorf durch die Vererbung von acguired Zeichen .

Gerade wenn man denkt , dass Freud präsentiert eine sehr fantasievoll, Lamarckian Theorie über der Ursprung der Haut , schaltet er die Metapher. Zunächst aber hypothesiles er, dass kThe

spezifische Unlust von körperlichen Schmerzen ist wahrscheinlich das Ergebnis von der Schutzschild mit durchbrochen . . . Besetzungsenergie wird von allen Seiten aufgefordert, um bereitzustellen ausreichend hohe Besetzungen von Energie in der Umgebung der Verletzung . Ein hanticathexis ' für ein großen Stil eingerichtet ist, zu deren Gunsten alle anderen psychischen Systeme sind impoverishedi (S. 30) . Zusammen etwa hier der scharfe - wird Augen Leser zweimal hinschauen tun : Es klang, als ob Freud wurde über eine körperliche Wunde in der Haut sprechen , aber was wird gerufen , um seine Margen ist nicht die weißen Blutzellen , sondern Guanta psychischer energyu Dann auf der nächsten Seite ,

Wir erfahren, dass kpreparedness für Angst und die Überbesetzung der empfänglichen Systeme bilden die letzte Verteidigungslinie der Schutzschild gegen Reize i (S. 31). Dieses Schild , welches schien so konkret und physisch, entpuppt sich als eine Metapher in einem Mythos eingewickelt sein . Es ist wahr , dass diese ganze vierte Kapitel wurde durch die folgende entwaffnend ehrliche Absatz eingeführt :

Was folgt, ist Spekulation, oft weit - geholt Spekulation, die der Leser betrachten oder zu entlassen, nach seinen individuellen Vorliebe . Es ist ferner ein Versuch, folgen eine Idee konsequent , aus Neugier , um zu sehen wohin sie führen wird . (1920 , S. . 24) Im Lichte der späteren Entwicklung von Freuds Theorien , in der , wie wir gesehen haben, er kam, um auf dieser neugierig Gewebe Spekulationen zu lehnen , als ob es ein beleibt stütz Stoff waren , scheint es, dass diese bescheidene Haftungsausschluss ist noch klet so tun , " so dass Freud , wie Brittania , können die Regeln zu verzichten.

FREUD Rhetorik

Das Ergebnis dieser Umfrage der Mittel Freud in seiner Suche nach der Wahrheit verwendet wird, ist , dass er in hohem Maße auf allen klassischen Geräten der Rhetorik . Der Effekt nicht nachweisen , in einem strengen Sinne, sondern zu überreden , mit zum Teil die Geräte der Essayist , aber auch

mehr denen eines Redners oder Anwalt , der seine kurze schreibt und dann argumentiert, der Fall mit allen eloguence zu seiner Verfügung . Beachten Sie, dass ich dieses Ergebnis in erster Linie auf einer Umfrage bei den meisten technischen, theoretischen Abhandlungen und Bücher Freuds basiert. In solch meisterhafte Werke für den allgemeinen Leser als seine verschiedenen Reihe von Einführungsvorlesungen (1916 - 17; 1933) oder Die Frage der Laienanalyse (1926b) ist die rhetorische Form noch deutlicher ;

der zuletzt genannten Arbeit tatsächlich in Form eines erweiterten Dialog gegossen Besinnung direkt zurück zu den klassischen griechischen Texten , von denen Freud war so lieb .
Es gibt eine Tendenz heute krhetorici als leicht abwertender Begriff zu nehmen. Außer in den Köpfen der Platoniker , hatte es keine solche Konnotation in der Antike . Als Kennedy (1963) weist darauf hin , Eines der Hauptinteressen der Griechen war Rhetorik. . . . In seinem Ursprung und Absicht Rhetorik war natürlich und gut: es erzeugt Klarheit , Kraft und Schönheit, und es logisch aus den Bedingungen und gualities der klassischen Geist stieg . Griechischen Gesellschaft stützte sich auf den mündlichen Ausdruck . . . . Politische Agitation in der Regel durchgeführt oder von Mund zu Mund geschlagen . Das Justizsystem war ähnlich oral. . . Alle Literatur wurde geschrieben, um gehört zu werden, und selbst wenn das Lesen , um sich eine griechische vorlesen (S. 3f .)
Rhetorik, wie die Theorie der überzeugende Kommunikation , war unbedingt viel mehr als das; es war die einzige Form von Kritik im griechischen Denken . In einem von Aristoteles Definitionen ist Rhetorik ka Prozess der Kritik , wobei liegt der Weg zu den Prinzipien aller inguiriesi (Themen I; . In McBurney , 1936, S. 54 guoted) .
Da die Wissenschaft nicht so stark von anderen Methoden der Suche nach der Wahrheit zu unterscheiden dann , wie es später wurde , Rhetorik war die nächste Sache, wissenschaftliche Methodik , die die Griechen hatten . In Arti Präsentation , gab es zwei Arten von Wahrheit : genaue oder bestimmte , und wahrscheinlich ist. Der erstere war das Anliegen der Wissenschaft, die durch syllogistische betrieben

Logik oder vollständige Aufzählung . Alle anderen Arten von lediglich probabilistischen Wissen waren die Reiche der argumentative inguiry , die mittels der Dialektik und Rhetorik betrieben . Aber die einzige Disziplin , auf die Aristoteles Kriterium der wissenschaftlichen kungualified knowledgei gilt ist die Mathematik (heute auszulegen, symbolische Logik enthalten) ; nur so rein formale Wissenschaft strengen deduktiven Verfahren verwendet werden und die Gewissheit erlangt .
Ich gehe in diesem viele Details über die griechische Rhetorik , weil es bedeutet für mich, eine eventuell Beleuchtung Hypothese. Über alles, was ich tun kann, es plausibel zu machen ist, darauf hin, dass Freud tat
wissen auch griechische und lesen die Klassiker im Original ; und unter den fünf Kursen oder Seminare er mit Brentano nahm, war eine auf Logik und mindestens eine auf kThe Philosophie Aristotlei (Bernfeld , 1951). Wenn Freud erhielt keine formale Ausbildung in Methodik , die kritischen Philosophie der Wissenschaft, war es mit der aristotelischen Philosoph - Psychologe Brentano . Ich habe nicht überall in Freuds Werken jede Bezugnahme auf Aristoteles ' Rhetorik gefunden oder direkte Beweise dafür, dass er es wusste ; das beste was ich tun kann, ist , diese Bits bieten Indizien (oder , wie Aristoteles es ausgedrückt hätte , um ein Argument aus machen Beschilderung). Es ist also möglich, dass Freud in dieser Weise auf die Geräte der Rhetorik eingeführt und enthymemetic oder probabilistischen Argumentation als legitime Instrumente der inguiry in empirische Fragen . Seine Ablehnung der spekulativ, deduktiv genaue System - Gebäude können zeigen, dass er die aristotelische Dichotomie zwischen exakten (oder mathematische) akzeptieren und wahrscheinlich ist die Wahrheit und die Entscheidung, in die reale Welt und die ungefähre arbeiten, wo Rhetorik
war das geeignete Mittel der Annäherung an eine nur relative Wahrheit.
Die Art und Weise habe ich diesen Standpunkt stellen verwischt absichtlich eine feine , aber wichtige Unterscheidung
zwischen zwei Arten von Probabilismus : dass der Rhetorik , in der die technischen Mittel der

plausible Argumentation verwendet werden, um zu verbessern in den Geist des Hörers die subjektive Wahrscheinlichkeit, dass der Lautsprecher These ist wahr; und die der modernen Wissenschaft skeptisch , was
nutzt die genauen und strengen Methoden möglich, die Wahrscheinlichkeit eines thesise messen

das heißt, die Menge an Vertrauen haben wir , dass es eine gute Annäherung an die Realität das kann nur asymptotisch nähern. Für erstere ist der Beweis, die Einrichtung von Glauben ; für letztere ist die Überprüfung der Ablehnung eines sicherlich falsche Nullhypothese und die vorübergehende Annahme einer Alternative als das beste im Moment verfügbar . Ich weiß nicht glauben, dass Freud sah diese Unterscheidung klar ; jedenfalls hat er nicht schreiben, als ob er dachte, in diesen Bedingungen .

Sicherlich war er ein hervorragender Rhetoriker , ob er ein bewusst ist oder nicht. Er war ein Meister von allen fünf Teilen, von denen wir bisher in erster Linie Aspekte der ersten Erfindung, die die Beweisarten umfasst diskutiert : direkte Beweise , Argumentation aus der Beweise und indirekte Mittel der Überredung durch die Kraft der persönlichen Eindruck oder Anwesenheit (Ethos) oder durch kthe gefühl, das er in der Lage, durch seine verbale Appelle , seine Gesten , i usw. (Pathos) zu wecken ist (Kennedy , 1963, p . 10) . Freuds Exzellenz an Ethos und Pathos , und bei der letzten zwei der Teile -, Speicher- und Lieferbedingungen, wird von Jones beschrieben :

Er war eine faszinierende Dozent. Die Vorträge wurden immer durch seine besondere ironischen Humor erleuchtet. . . Er verwendet immer eine tiefe Stimme , vielleicht, weil es ziemlich hart werden könnte, wenn angespannt , sprach aber mit größter Deutlichkeit . Keine Notizen, die er nie benutzt , und nur selten hat viel Vorbereitung für einen Vortrag . . .

Die bewundernden Biograph führt weiter aus, dass Khe nie benutzt Oratorium , ich aber er scheint werden mit dem Begriff im modernen Sinn als Synonym für Bombast, die sicherlich nicht war , was die alten Griechen bedeutete . Welche Jones Beschreibung vermittelt ist eine sehr effektive Art der

persönliche Anwesenheit . Freud sprach innig und beiläufig. . . Man fühlte er sich selbst Adressierung an uns persönlich. . . Es war kein Flimmern Herablassung in ihm , nicht einmal ein Hauch von einem Lehrer. Das Publikum wurde angenommen, dass der hochintelligente Menschen, zu denen er einige seiner jüngsten Erfahrungen kommunizieren wollte bestehen . . . (Jones , 1953, p . 341 f .)

In Bezug auf die restlichen zwei Teile in der aristotelischen fünf - Teil Teilung der Rhetorik , die Anordnung und Stil, viel geschrieben werden konnte , aber es wäre auf Literaturkritik Graben . Die Griechen analyled Stil evaluativ in Bezug auf die vier Tugenden der Korrektheit , Klarheit, Ornamentik und Anstand ; Ich will nur mein Eindruck aufnehmen , die Freud würde Bestnoten auf alle diese zählt zu verdienen.

Freud rühmte sich , nachdem er fern von den Schlägereien Kontroverse der Polemik statt. Nur einmal, sagt er mit einem gewissen Stolz in seiner Autobiographie (1925) , hat er direkt antworten Kritiker , in 1f94 . Doch es ist offensichtlich, dass er in einer polemischen Stimmungs schrieb viel von dem Rest seines Lebens , immer mit einem Bewusstsein , dass der Leser vielleicht eine feindlich sein . Er war in vielen Briefen an seine Anhänger explizit darüber. Zum Beispiel, um Jung in 1909:

Wir können nicht umhin, die Widerstände , also warum nicht vielmehr fordern sie auf onces Meiner Meinung Angriff ist die beste Verteidigung. Vielleicht haben Sie die Intensität dieser Widerstände zu unterschätzen , wenn Sie hoffen, dass sie mit kleinen Zugeständnissen zu begegnen. (Jones , 1955 tuoted , p . 436)

Und Pfister zwei Jahre später :

Es ist kaum möglich, eine öffentliche Debatte über die Psychoanalyse haben ; man keine gemeinsame Basis hat und es gibt nichts , um gegen die lauernden Emotionen durchgeführt werden. Die Bewegung ist mit der Tiefe betrifft, und Debatten darüber muss in der Zeit der Reformation ebenso erfolglos wie die theologischen Disputationen bleiben . (Jones , 1955, p . 450 f .)

Dieses Gefühl stark , konnte Freud nicht getan haben, als andere , die Aufgabe der Ausstellung als eines der Argument nähern. Die amaling Sache ist , dass der Fach verbale Schwertkämpfer lassen die Wissenschaftler in Freud haben das Wort so viel wie er did.7

ZUSAMMENFASSUNG

Und jetzt lassen Sie mich zu kognitiven Stil in seiner zeitgenössischen technischen Sinn zurück. als Klein verwendet es , characteriles eine kognitive Stil einer Person und seine unique Art der Verarbeitung Informationen . Es gibt natürlich auch Ähnlichkeiten unter den Menschen in dieser Hinsicht , und Dimensionen , in die kognitiven Stile können analyled werden sind kognitive Kontrolle genannt Prinzipien . (Die fast endgültige Aussage der von Klein entdeckt Grundsätze und

seine Mitarbeiter wird in der Monographie von Gardner enthalten , Hollman , Klein , Linton, m Spence , 1959.)

Wir haben gesehen, dass Freud hatte , zu einem ungewöhnlichen Grad , eine Toleranz für Mehrdeutigkeit und

Inkonsequenz. Er brauchte. Wie ich in früheren Abschnitten argumentiert , oben , nahm immer sein Denken

legen im Rahmen des Pervasive Konflikten. In der ersten von ihnen, Ausschreibung - minded, spekulativ, breit - von und fantasylike denken , die aus Naturphilosophie wurde gegen entsteint

die diszipliniert physikalistischen Physiologie der seinem verehrten Lehrer. Der zweite Konflikt beteiligten Gruppen von Aussagen über die Realität und den Menschen und , ganz allgemein, zwei Gegenweltanschauungen, eine humanistische und eine mechanistische Bild der maneone künstlerischen, literarischen ,

und philosophische , die andere in einer reduktionistischen Ideal der Wissenschaft und ihre Versprechen der geerdeten

Fortschritte durch Sachlichkeit und Strenge. Darüber hinaus Freuds Modell metapsychologischen Zusammenstöße

7 Als eine kurze ökologischen beiseite, würde Ich mag vermuten, dass Freud vielleicht weniger ein Kämpfer gewesen sein

Schreiben , wenn er von der Schutz Sicherheit einer akademischen Position gearbeitet hatte. Sein kostbares Professur tat

Amtszeit nicht durchführen , noch ein Gehalt ; Freud betrieben immer von der exponierten und einsame Lage der privaten

Praxis .

An vielen entscheidenden Punkten mit der Wirklichkeit ; zwischen einer Gruppe von so fand eine weitere Konflikt Ort

OrientierungsgrundannahmenFreuds und seiner wachsenden Kenntnis der Fakten über Verhalten .

Wegen all dieser Konflikte , glaube ich , dass er in seinem charakteristisch locker betreiben - Gelenk Weg . Wenn er ein zwanghaftes Bedürfnis nach Klarheit und Konsequenz hätte , würde er wohl gehabt haben , Entscheidungen zu treffen und zu lösen seine intellektuellen Konflikten. Wenn er den Weg des Fest gefolgt - nosed Wissenschaft, wäre er der Gefangene der Methoden und Annahmen, die er in seinem Medizinstudium gelernt und seine laboratorieseanother , begabter Exner, der eine Reihe von neurologischen ausgezeichnete Bücher wie das geschrieben haben könnte ein über Aphasie , aber wer hätte wohl seine vorsichtige Zeitgenossen in Lenkung frei von hysterischen Patienten emuliert. Und wenn er mit dem Rücken auf dem dynamisch auf wissenschaftliche Disziplin geworden und hatte die Schleusen

zu seinem spekulativen Reichtum eröffnet , könnten wir eine Flut von Natur gehabt haben -
philosophische Essays aber nichts, wie die Psychoanalyse ; oder wenn der Humanist in ihm war
entscheidend über den Mechaniker gewann , könnte er brillante Romane geschrieben haben, aber hätte
nie seine großen Entdeckungen gemacht .
Aber weil Freud war in der Lage , einen Fuß in der Kunst und in der Wissenschaft ein zu halten, denn er
konnte
die Sicherheit eines Modells aus respektierten Behörden ohne geerbt bequem behalten ihre
ihn ganz blendend auf die Aspekte der Realität, für die es keinen Platz hatte , war er in der Lage zu sein,
außerordentlich kreativ. Produktive Originalität in der Wissenschaft beinhaltet eine Dialektik der Freiheit
und Kontrolle, Flexibilität und Strenge , Spekulation und Selbst - kritische Überprüfung . ohne einige
Lockerung der Ketten der herkömmlichen , Safe, Sekundär - Prozessdenken , kann es wenig sein
Originalität ; Pegasus muss eine Chance haben, Fittiche zu nehmen . Aber Befreiung allein ist nicht
genug. wenn

Flexibilität wird nicht durch Disziplin begleitet , wird es die Fließfähigkeit , und dann haben wir ein
Visionär, ein Phantast (wie Freud und Fliess nannte sich einmal) anstelle eines Wissenschaftlers. Es war
gerade diese , die Freud in sich selbst fürchtete . Die gewagte , aber fruchtbare Ideen müssen von den
lediglich gewagt oder positiv harebrained denen sortiert werden ; Erkenntnisse müssen sorgfältig
überprüft werden ; neue Konzepte müssen in eine Struktur von Gesetzen gearbeitet , so dass sie
problemlos passen , stützen und erweitern die Gebäude werden. All dies braucht eine Haltung, die im
Gegensatz zu der früheren, streng kreativ man ist. Es fragt viel von einem Mann also, dass er geschickt
sein in beiden Arten von Denken und in der Lage, entsprechend von der Rolle der Träumer zu der Kritiker
zu verschieben. Vielleicht ist das ein Grund, dass wir so wenige wirklich große Wissenschaftler .
Diese erste Hauptmerkmal von Freuds kognitiven Stil erinnert auffallend an die
Prinzip der kognitiven Kontrolle von Klein und seine Mitarbeiter Toleranz für Instabilität oder genannt
für unrealistisch Erfahrungen . khTolerant ' Themen pas Vergleich zu intolerant onesq schien in
egually adequate Kontakt mit der äußeren Realität , aber sie waren viel entspannter in ihrer
Annahme der beiden Ideen und Wahrnehmungs organilsations , die Abweichung von der reguired
konventionellen " (Gardner et al. , 1959, p . 93) . Es ist eine entspannte und phantasievolle Art von Geist
,
auf die Art , die fest klammert sich an einer wörtlichen Auslegung der Wirklichkeit gegenüber. Und Freud
(1933)
war ungewöhnlich bereit, parapsychologische Hypothesen , die weit über gehen unterhalten
wissenschaftlich herkömmlichen Konzepten der Wirklichkeit. Telepathie ist guite buchstäblich eine
kunrealistic
experience.I
Wenn Freud war tolerant der Mehrdeutigkeit , Widersprüchlichkeit , Instabilität und unrealistisch
Erfahrungen gab es eine ähnliche - klingenden Zustand , dass er nicht ertragen konnte :
Sinnlosigkeit , die Annahme, dass ein Prozess oder stochastische , dass war ein Phänomen

aufgetreten, weil der Zufallsfehler . Kein Zweifel, diese Haltung führte ihn zeitweise in
overinterpreting Daten -und Lese meaingeespecially dynamische oder Motivations
meaingeinto Verhalten unberechtigt . Aber es beflügelt auch seine Grundlagenforschung , wie z. B.
dass der Primärprozess und die Interpretierbarkeit der Träume, neurotischen und psychotischen
Symptome.
Lassen Sie uns sehen , ob die restlichen fünf Dimensionen von Gardner, Hollman beschrieben ,
Klein , Linton, Spence und nicht einen nützlichen Rahmen für summariling Freuds Weise zu bilden
zu denken . Es scheint wahrscheinlich, dass Freud sicherlich stark Feld wurde - unabhängig. Inner ---
leitete er war sicher , und Graham (1955) hat einen empirischen Zusammenhang zwischen gezeigt

Riesmans (1950) und der Witkin (1949) Konzepte. Hier ist die Gardner et al. Beschreibung die Art von Person, die Feld - independentenot deutlich abhängig von der Gesichtsfeld zur Orientierung in die aufrechte : Er wird von k (a)-Aktivität im Umgang mit der characteriled Umwelt; (b). . . Hinner Leben " und eine wirksame Kontrolle von Impulsen mit niedrigen Angst ; und (c) hohe Selbst - Wertschätzung , auch das Vertrauen in den Körper und einem relativ erwachsenen Körper - Bild . Es i
klingt viel wie Freud , außer vielleicht für seine ambivalente und eher hypochondrische Einstellung zu seinem bodyekpoor Konrad , ich , wie er ironisch nannte. Linton (1955) hat sich weiter gezeigt, dass die Feld - unabhängige Menschen sind wenig anfällig für Gruppe Einfluss , doch gilt für Freud.
In seiner Vorliebe für eine kleine Anzahl von äußerst breit definiert Motivations Konzepte , scheint Freud , um eine breite Palette Gleichwertigkeit hatten. Und auf Kleins Dimension flexible gegen verengte Kontrolle, Freud hätte sicher haben weit über die erzielte bei flexible Ende . War er nicht krelatively bequem in Situationen, die widersprüchlich beteiligt oder

intrusive Cues. . . nicht mit einem dominanten Reiz organilation wenn overimpressed . . . ein anderer Teil des Feldes pwasq mehr appropriateis Und sicherlich kdid er nicht dazu neigen, Gefühl und andere interne cues.i Dies ist die Beschreibung der flexibel unterdrücken - (. . Gardner et al , 1959, S. 53f .) gesteuert Thema.
Die beiden anderen Dimensionen der kognitiven Kontrolle scheinen weniger relevant. Scanning (gegen Fokussierung) als eine Art der Verwendung Aufmerksamkeit mag , um den Weg Freud besuchte vorzuschlagen seine
Patienten , aber es ist qualitatively unterschiedlich. Abtasten wird durch die Fähigkeit, begleitet konzentrieren, was wichtig ist, aber auf Kosten der Trennung von Affekt und overintellectualilation ; es ist nicht so sehr passiv entspannt Teilnahme als unruhig Roaming suchen alles, was nützlich sein könnte . Und so weit ich das beurteilen kann , war Freud nicht entweder ein Gleichmacher oder ein Spitzer ; er weder seinen gewöhnlichen verwischt Unterschiede und verein
noch war er besonders wachsam zu feinen Unterschiede und immer auf der Suche nach leichten Veränderungen in
Situationen .
Es ist fair zu schließen , denke ich, dass einige dieser Prinzipien der kognitiven Kontrolle scheinen guite geeignet und nützlich, wenn ein guter Teil der Geschmack von Freuds unigueness als Denker ist verloren, wenn wir sie anwenden zu ihm. Außerdem ein paar andere Aspekte der kognitiven Stil wurden als characteriling Freud vorgeschlagen. Kaplan (1964) beginnt eine allgemeine Diskussion der kognitive Stil der Verhaltensforscher so : k . . . Denken und seinen Ausdruck sind sicherlich nicht völlig ohne Bezug zueinander , und wie wissenschaftliche Erkenntnisse für formulierte Einbau in den Körper des Wissens des Denkens
hinter themn (S. 259) . Er geht auf sechs wichtigsten Arten zu beschreiben, und erwähnt Freud in Zusammenhang mit der ersten zwei von ihnen : die literarische und die akademischen Stilen. Die literarische

Stil wird oft mit Personen betrifft, interpretiert klargely in Bezug auf die spezifischen Ziele und Perspektiven der Akteure , anstatt im Sinne der abstrakten und allgemeinen Kategorien des Wissenschaftlers eigenen Erklärungsschema. . . Freuds Studien von Moses und Leonardo . . . zeigen etwas von diesem Stil. " Die akademischen Stil , ist dagegen kmuch mehr abstrakt und allgemein . . . Es gibt einige Versuch genau zu sein, aber es ist mehr verbale als Betriebs . Gewöhnliche Worte werden in speziellen Sinne verwendet wird, um eine technische bilden Wortschatz. . . . pTreatment der DATAQ neigt sehr theoretisch zu sein , wenn nicht , ja , rein

spekulativ. System wird über große hprinciples eingeführt , "angewandte über und über zu
bestimmten Fällen , die die generalilation anstatt zu veranschaulichen als Beweise dafür dienen . " Kaplan
zitiert kessays in der psychoanalytischen Theorie " in der Regel als Beispiele , aber ich hoffe, es wird
deutlich,
wie gut diese Beschreibungen characterile summarile und viel von dem, was ich herausgebracht
über Freud.

Ein Dekalog für den Reader von Freud

Zum Schluss lassen Sie mich zurückkommen auf meine ursprüngliche Aussage, dass ein besseres
Verständnis der
Freuds geistigen Hintergrund und kognitiven Stil würde die zeitgenössischen Leser zu helfen,
Lesen Sie ihn mit Einblick , anstatt Verwirrung, und versuchen, es Substanz in Form von zehn geben
Ermahnungen . Wie ein anderer Dekalog , können sie auf eine goldene Regel reduziert werden : dass
empathische
anstatt projectiveelearn was sind eigenen Bedingungen des Mannes und nehmen ihn auf sie.
1 . Hüten Sie sich vor der Aufhebung Aussagen aus dem Zusammenhang gerissen . Diese Praxis ist
besonders verlockend,
Lehrbuchautoren , polemische Kritiker , und Forschung - Gesinnten klinischen Psychologen, die sind
mehr begierig, Recht auf die Prüfung von Aussagen , als die Studie von einem langsamen verpflichtet
großen Korpus der Theorie. Es gibt keinen Ersatz für das Lesen genug von Freud zu seiner vollen
bekommen
Bedeutung , die fast nie vollständig in einem einzigen Absatz auf, egal ausgedrückt wird , wie
bestimmte ein Punkt .
2 . Freuds extreme Formulierungen darf nicht wörtlich. Behandeln Sie sie als seine Art des Aufrufs
Ihre Aufmerksamkeit auf einen Punkt . Wenn er sagt, knever , ich kinvariably , ich kconclusively , i und
dergleichen ,
Lesen Sie weiter für die gualifying und Erweichung Aussagen. Denken Sie daran, die Veränderung, die
getroffen hat,
Platz in der allgemeinen Atmosphäre seit Freud schrieb seine Hauptwerke ; gesellschaftliche Akzeptanz
und
Seriosität haben Schock und Feindseligkeit ersetzt , was Freud das Gefühl, dass er ein klein gemacht
und einsame Stimme in einer kalten Wüste, daß er musste , um überhaupt gehört zu werden schreien .

3 . Achten Sie auf Inkonsistenzen ; Sie auch nicht über sie stolpern oder seile auf sie mit

Schadenfreude , sondern nehmen sie als unvollständige Dialektik Formulierungen warten auf die
Synthese, die Freuds kognitiven Stil machte ihn konsequent von hinten zu ziehen.

4 . Seien Sie auf der Uhr für die bildhafte Sprache , insbesondere Personifizierung (verdinglichten
Formulierungen von Konzepten wie homunculi) . Denken Sie daran , dass es dort in erster Linie für
Farbe , auch wenn es manchmal tat Freud in die Irre führen, sich selbst, und dass es ihm Schönste ist in
erster Linie auf die von seinen Aussagen von Fragen, die mindestens poetische und dramatische sind
verlassen.

5 . Erwarten Sie nicht, strengen Definitionen; schauen eher für den Bedeutungen von seinen Bedingungen in der
Weisen sie über einen Zeitraum verwendet werden . Und nicht bestürzt sein, wenn Sie ein Wort finden, wobei
an einer Stelle in seinem gewöhnlichen , literarische Bedeutung , bald in einem speziellen technischen Sinn verwendet
das ändert sich mit dem Entwicklungsstand der Theorie . Ein Unternehmen wie die
Wörterbuch der Psychoanalyse , zusammengestellt von ein paar fleißige , aber fehlgeleiteten Analysten
die Definition angehoben - wie viele Sätze aus Freuds Werken ist völlig falsch in
Konzeption und verrät insgesamt Missverständnis von Freuds Stil der das Denken und Arbeiten .
6 . Seien Sie skeptisch gegenüber wohlwollend Freuds Behauptung der Beweis , dass etwas außer Zweifel
etabliert. Denken Sie daran , dass er unterschiedliche Beweisstandards als wir es heute tun , dass er
abgelehnt, teilweise aus einem Experiment zu - engen Vorstellung davon und teilweise , weil er es
stilistisch lange bevor auch nur die ersten Arbeiten von RA Fisher unvereinbar war, und eher verwirren
eine replizierte Beobachtung mit einem verifiziert Theorie des Phänomens in guestion .
7 . Denken Sie daran , dass Freud von Dichotomien overfond , auch wenn seine Daten waren besser
als kontinuierliche Variablen conceptualiled ; in der Regel nicht davon ausgehen, dass die Theorie
durch seine in methodisch unhaltbar Form viel von der Zeit angegeben, für ungültig erklärt .

f . Seien Sie vorsichtig bei Freuds Überzeugungskraft . Denken Sie daran , dass er ein leistungsfähiges
Rhetoriker in Bereichen , wo seine wissenschaftliche Basis war ungewiss. Obwohl er oft richtig, war es
nicht immer für die Gründe, die er gegeben hat, die fast nie wirklich ausreichend, um seinen Fall zu
prüfen sind , und nicht immer in dem Maße , dass er gehofft hatte.
Schließlich sollten Sie besonders vorsichtig, nicht in Richtung einer der beiden extreme Positionen und
egually unhaltbar hingezogen : das heißt,
9 . Nicht Freuds jeden Satz als eine tiefe Wahrheit, die Schwierigkeiten bereiten kann dauern
aber nur, weil unsere eigenen inadeguacies , unsere Fußgänger Schwierigkeiten im Einklang mit der
hochfliegenden Geist eines Genies , die nicht immer Mühe hatte, um Schritte, die offensichtlich waren
explizieren
ihn, aber das müssen wir durch aufwendige exegetischen Wissenschaft liefern . Dies ist die Versuchung
der Gelehrten aus arbeiten innerhalb der psychoanalytischen Instituten , diese ernst Freudianer
, die auf Freuds Ärger, hatte bereits begonnen, seinen Lebzeiten entstehen . Für die meisten von uns
in den Universitäten, ist die entsprechende Versuchung umso gefährlicher ein :
10 . Lassen Sie sich nicht von Freuds verstreicht von methodischen Reinheit so beleidigt , dass
Sie ihn ganz zu entlassen. Fast jeder Leser kann eine enorme Menge von Freud lernen, wenn er
sorgfältig und liebevoll zuhören und seine Äußerungen nicht zu ernst nehmen .

Referenzen

Amacher , P. 1965. Freuds neurologische Ausbildung und ihren Einfluss auf die psychoanalytische Theorie. Psychologische Probleme , 4 : Monographie Nr. 16 .
Andersson . O. 1962. Studien in der Vorgeschichte der Psychoanalyse : die Ätiologie der

psyclioneuroses und einige relevante Themen in der Sigmund-Freud- naturwissenschaftlichen Schriften und Briefe von 1886 bis 1896 . Stockholm: Svenska Bokförlaget DSW .
Bernfeld , S. 1944 . Frühesten Theorien Freuds und die Schule von Helmholtl . psychoanalytisch Quarterly, 13: 342 --- 362 .
xxxxx 1951 . Sigmund Freud. M.D. . 1ff2 --- 1ff5 . Internationale Zeitschrift für Psychoanalyse , 32 : 204 --- 217 .
Boring . E. G. 1954 . Bewertung von kThe Leben und Werk von Sigmund Freud.n Vol . I. von Ernest Jones.
Psychological Bulletin , 51 : 433 --- 437 .
Breuer. J. . Und Freud. S. 1955. Studien über Hysterie. Standard Edition, Vol . 2 . London: Hogarth .
Bry, Ilse . und Rifkin . Ein H. 1962. Freud und Ideengeschichte : Primärquellen . 1ff6 --- 1910 . In Wissenschaft und Psychoanalyse , Bd. . V. , hrsg. J. H. Masserman . New York: Grune m Stratton .
Chein . I. 1972. Die Wissenschaft von Verhalten und das Bild des Menschen. New York: Basic Books .
Cranefield . P.F. 1957. Die organische Physik 1F47 und die Biophysik von heute. Blatt die Geschichte der Medizin, 12: 407-423 .
Culbertson , J. T. 1963. Die Köpfe von Robotern. Urbana : University of Illinois Press.
Darwin. C. (1f59) Über den Ursprung der Arten. Cambridge : Harvard University Press . 1964.
Ellenberger . H. F. 1956. Fechner und Freud. Bulletin der Menninger Clinic, 20: 201-214 .
xxxxx 1970. Die Entdeckung des Unbewussten ; die Geschichte und Entwicklung der dynamischen Psychiatrie.
New York: Basic Books .
Freud. S. (1f95) Projekt für eine wissenschaftliche Psychologie. Standard Edition, Vol . 1 . London:

Hogarth Press , 1966.
xxxxx (1f96) Die Ätiologie der Hysterie. Standard Edition . Vol . 3 . London: Hogarth . 1962. xxxxx (1ff7 - 1902) Die Ursprünge der Psychoanalyse. New York: Basic Books . Jahr 1954.
xxxxx (1900) Die Traumdeutung . Standard Edition, Vols . 4 m 5 . London: Hogarth .
Jahr 1953.
xxxxx (1901) Die Psychopathologie des Alltagslebens. Standard Edition . Vol . 6 . London: Hogarth . 1960 .
xxxxx (1905a) Der Witz und seine Beziehung zum Unbewussten . Standard Edition, Vol . f . London: Hogarth , 1960.
xxxxx (1905b) Drei Aufsätze über die Theorie der Sexualität. Standard Edition, Vol . 7 . London: Hogarth , 1953.
xxxxx (1905c) Fragment einer Analyse eines Falles von Hysterie. Standard Edition, Vol . 7 . London: Hogarth , 1953.
xxxxx (1906) Meine Ansichten über die Rolle, die Sexualität in der Ätiologie der Neurosen gespielt. Standard Edition, Vol . 7 . London: Hogarth , 1953.
xxxxx (1912a) Empfehlungen an die praktizierenden Ärzte psycho - Analyse . Standard Edition, Vol . 12 . London: Hogarth, 195f .
xxxxx (1912b) Ein Hinweis auf die bewusstlos in psycho - Analyse . Standard Edition, Vol . 12 . London: Hogarth, 195f .
xxxxx (1913) Totem und Tabu. Standard Edition, Vol . 13 . London: Hogarth , 1955.
xxxxx (1914) Auf Narzissmus : Eine Einführung . Standard Edition, Vol . 14 . London: Hogarth, 1957.
xxxxx (1915A) Instincts und ihre Schicksale . Standard Edition, Vol . 14 . London: Hogarth, 1957.

xxxxx (1915b) Repression . Standard Edition, Vol . 14 . London: Hogarth . 1957.
xxxxx (1915c) Das Unbewusste . Standard Edition, Vol . 14 . London: Hogarth , 1957.
xxxxx (1916 - 17) Vorlesungen zur Einführung in psycho - Analyse . Standard Edition, Vols . 15 m 16 .
London: Hogarth , 1963.
xxxxx (1917) Trauer und Melancholie . Standard Edition, Vol . 14 . London: Hogarth , 1957.

xxxxx (1920) Jenseits des Lustprinzips . Standard Edition, Vol . 1f . London: Hogarth,
1955.
xxxxx (1921) Massenpsychologie und Ich-Analyse . Standard Edition, Vol . 1f .
London: Hogarth , 1955.
xxxxx (1923) Das Ich und das Es. Standard Edition, Vol . 19 . London: Hogarth , 1961.
xxxxx (1925) Eine autobiographische Studie. Standard Edition, Vol . 20 . London: Hogarth , 1959.
xxxxx (1926a) Hemmung, Symptom und Angst. Standard Edition, Vol . 20 . London:
Hogarth , 1959.
xxxxx (1926b) Die guestion der Laienanalyse . Standard Edition, Vol . 20 . London: Hogarth,
1959.
xxxxx (1927) Die Zukunft einer Illusion . Standard Edition, Vol . 21 . London: Hogarth , 1961.
xxxxx (1930) Civililation und das Unbehagen . Standard Edition, Vol . 21 . London: Hogarth,
1961.
xxxxx (1933) Neue Einführungsvorträge zu den psycho - Analyse . Standard Edition, Vol . 22 .
London: Hogarth , 1964.
xxxxx (1934 - 3f) Moses und der Monotheismus : drei Essays. Standard Edition, Vol . 23 . London:
Hogarth , 1964.
xxxxx (1940) Ein Überblick über psycho - Analyse . Standard Edition, Vol . 23 . London: Hogarth,
1964.
xxxxx (1960) Briefe von Sigmund Freud. E. L. Freud. New York: Basic Books .
Galdston , I. 1956. Freud und romantischen Medizin. Bulletin der Geschichte der Medizin, 30: 4F9 -
507 .
Gardner , RW, Hollman , PS, Klein , GS, Linton, Harriet B. und Spence , DP 1959.
Kognitive Kontrolle , eine Studie über individuelle Konsistenzen in der kognitiven Verhaltens.
Psychologische Probleme , 1, Monographie Nr . 4 .
Genung , J. F. 1900 . Die Arbeitsgrundlagen der Rhetorik . Boston : Ginn .
Graham, Elaine . 1955. Inner - gerichtet und andere - gerichtet Einstellungen . Unveröffentlichte Doktor
Dissertation , Yale University
Holt, R. R. 1961. Die klinische Beurteilung als disziplinierte inguiry . Journal of Nervous and Mental

Krankheit, 133: 369 --- 3f2 .
xxxxx 1962. Eine kritische Prüfung von Freuds Konzept der gebundenen vs kostenlos Besetzung . Blatt
der American Psychoanalytic Association, 10: 475-525 .
xxxxx 1963. Zwei Einflüsse auf Freuds wissenschaftlichen Denkens : ein Fragment des geistigen
Biographie. In der Studie von Leben , hrsg. R. W. Weiss. New York: Atherton Press.
xxxxx 1964. Imagery : die Rückkehr des ostraciled . Amerikanische Psychologe , 194 : 254 --- 264 .
xxxxx 1965a . Eine Übersicht über einige der biologischen Annahmen Freuds und deren Einfluss auf seine
Theorien. In Psychoanalyse und aktuellen biologischen Denkens , hrsg. N. Greenfield und W.
Lewis. Madison : University of Wisconsin Press.
xxxxx 1965b . Freuds kognitiven Stil . Amerikanischen Imago , 22 : 167 --- 179 .
xxxxx 1967. Darüber hinaus Vitalismus und Mechanismus : Freuds Begriff der psychischen Energie . in
Wissenschaft
und Psychoanalyse , hrsg. J. H. Masserman . Vol . wI , New York: Grune m Stratton .

xxxxx 196f . Freud , Sigmund . Internationale Enzyklopädie der Sozialwissenschaften , Bd. . 6 . neu York: Macmillan, The Free Press.

xxxxx 1972a . Freuds mechanistischen und humanistischen Menschenbilder . In Psychoanalyse und zeitgenössischen Wissenschaft , hrsg. R. R. Holt und E. Peterfreund . Vol . I. New York: Macmillan

xxxxx 1972b . Auf die Art und die Allgemeinheit geistige Bilder . In der Funktion und der Art der Bilder , hrsg. P. W. Sheehan . New York: Academic Press .

Hunter , RA, und Macalpine , I. , eds. 1963. Dreihundert Jahre der Psychiatrie , 1535 - 1860 : ein Geschichte präsentiert in ausgewählten englischen Texten . London : Oxford University Press.

Jackson, S. W. 1969. Die Geschichte von Freuds Konzepte der Regression. Journal der American Psychoanalytischen Vereinigung , 17 : 743 - 7F4 .

Jones, E. 1953 , 1955 , 1957. Das Leben und Werk von Sigmund Freud, Vols . I, II, III m . New York: Basic Books .

Kaplan , A. 1964. Die Durchführung der Untersuchung. San Francisco: Chandler .

Kennedy, G. 1963. Die Kunst der Überredung in Griechenland. Princeton : Princeton University Press .

Klein , G. S. 1951 . Die persönliche Welt durch Wahrnehmung. In Wahrnehmung: Ein Ansatz zur Persönlichkeit , hrsg. R. R. Blake und G. V. Ramsey . New York: Ronald Press.

xxxxx 1970. Wahrnehmung, Motive und Persönlichkeit. New York: Knopf .

Linton, Harriet B. 1955. Die Abhängigkeit von externen Einflüssen : korreliert in der Wahrnehmung , Einstellungen und Urteilsvermögen. Journal of Abnormal -und Sozialpsychologie , 51 : 502-507 .

McBurney , J. H. 1936. Der Ort des Enthymem in rhetorische Theorie. Speech Monografien , 3: 49 --- 74 .

Nunberg , H. (1931) Die synthetische Funktion des Ich. In Praxis und Theorie der Psychoanalyse. New York: Nerven m Psychische Krankheiten Publishing Co., 194f , S. i20 - 136 .

Rapaport , D. 1959. Die Struktur der psychoanalytischen Theorie : Ein Versuch systematiling . in Psychologie: Eine Studie der Wissenschaft , Bd. . 3 , hrsg. S. Koch . New York: McGraw Hill --- .

xxxxx und Gill , M. M. 1959. Die Sichtweisen und Annahmen der Metapsychologie . International Journal of Psycho - Analyse , 40 : 153-162 .

Riesman , D. 1950. Die einsame Masse . New Haven : Yale University Press.

Spehlmann , R. 1953 . Sigmund Freuds neurologische Schriften : Eine Unter - suchung zur Vorgeschichte der Psychoanalyse . Berlin: Springer Verlag . (Englische Zusammenfassung von H. Kleinschmidt im Jahresbericht der Psychoanalyse , 1953, 4: 693-706) .

Witkin , H. A. 1949. Wahrnehmung der Körperposition und der Position des Gesichtsfeldes. Psychologische Monografien , 63 . (7 Whole Nr. 302).